Cristina M. Alegre Palazón

Recetas peligrosas

Ilustraciones de **Paolo D'Altan**

Redacción: Massimo Sottini
Diseño y dirección de arte: Nadia Maestri
Maquetación: Carlo Cibrario-Sent, Simona Corniola
Búsqueda iconográfica: Alice Graziotin

© 2016 Cideb
Primera edición: enero de 2016

DEALINK, DEAFLIX son marcas cedidas con licencia por De Agostini SpA

Créditos fotográficos: Shutterstock; Istockphoto; Dreamstime; Thinkstock; © José Fuste Raga/Marka: 4; Francisco Goncalves/Getty: 5; © Atlantide Phototravel/Corbis: 25; © Peter Holmes/Marka: 26; © Lucas Vallecillos/Marka: 58; © Marc Soler/Marka: 59; Deagostini Picture Library: 60; EURO FICCION, S.L./VIGIA S.L./Album/ MONDADORI PORTFOLIO: 92

Reservados todos los derechos. El contenido de esta obra está protegido por la Ley, que establece penas de prisión y/o multas, además de las correspondientes indemnizaciones por daños y perjuicios, para quienes reprodujeren, plagiaren, distribuyeren o comunicaren públicamente, en todo o en parte, una obra literaria, artística o científica, o su transformación, interpretación o ejecución artística fijada en cualquier tipo de soporte o comunicada a través de cualquier medio, sin la preceptiva autorización.

Todos los sitios internet señalados han sido verificados en la fecha de publicación de este libro. El editor no se considera responsable de los posibles cambios que se hayan podido verificar. Se aconseja a los profesores que controlen los sitios antes de utilizarlos en clase.

Para cualquier sugerencia o información se puede establecer contacto con la siguiente dirección:
info@blackcat-cideb.com
blackcat-cideb.com

The design, production and distribution of educational materials for the CIDEB brand are managed in compliance with the rules of Quality Management System which fulfils the requirements of the standard ISO 9001 (Rina Cert. No. 24298/02/S - IQNet Reg. No. IT-80096)

Impreso en Italia por Litoprint, Génova

Índice

CAPÍTULO 1	Un día cualquiera	9
CAPÍTULO 2	Ha sido un accidente	17
CAPÍTULO 3	Una chica misteriosa	29
CAPÍTULO 4	¿La profe está loca?	39
CAPÍTULO 5	La señora de la foto	49
CAPÍTULO 6	Fantasmas	63
CAPÍTULO 7	Los hemos pillado	75
CAPÍTULO 8	Nunca más un día cualquiera	83

DOSSIERS	Barcelona, "una maravilla de ciudad"	4
	Del mercado a la mesa	25
	El modernismo: el arte del detalle	58
CINE	Tiempos de Azúcar	92

ACTIVIDADES	8, 13, 16, 22, 28, 35, 38, 45, 48, 54, 62, 70, 74, 78, 82, 88	
TEST FINAL		93

Texto íntegramente grabado.

 Este símbolo indica las actividades de audición.

DELE Este símbolo indica las actividades de preparación al DELE.

Barcelona, "una maravilla *de ciudad*"

Barcelona es la capital de la comunidad catalana y la segunda ciudad de España en número de habitantes. Está abierta al Mediterráneo, pero no hay que olvidar que la montaña también forma parte de su paisaje: la **sierra de Collserola** al oeste y la montaña del **Montjuïc** al este.

Sin duda, Barcelona es una ciudad abierta y cosmopolita. Su apertura al mundo por mar ha sido siempre el punto de unión con otras culturas, y la ha dotado de una historia marcada por la diversidad.

En Barcelona se hablan **catalán** y **castellano**, lenguas cooficiales de Cataluña. Los barceloneses han sabido unir sus características de pueblo bien organizado con aspectos amables y familiares, creando una fórmula propia entre lo autóctono y lo foráneo, que al parecer da grandes resultados.

Sus orígenes se remontan a cuando los romanos en el s. I a.C. fundaron la colonia de *Barcino*, de donde llega el nombre actual de la ciudad. Siglos más tarde llegaron la Edad Media, con su estilo gótico que se refleja en todos los palacios de la zona más antigua, el Renacimiento, y mucho, pero mucho más tarde, el Modernismo; hasta que un día, a finales del siglo XX, los barceloneses recibieron la sorpresa: la proclamación de la ciudad como sede de los **Juegos Olímpicos** de 1992. En aquel momento, Barcelona se convirtió en  un referente internacional y empezó una transformación urbana: la ciudad recuperó su playa, llegando a ser una de las pocas "capitales" europeas con playa en su centro urbano.

Esta transformación ha continuado hasta hoy, con proyectos urbanísticos como la construcción de la **Torre Agbar**.

Barcelona es modernidad y creatividad, una ciudad con arte que vive para el arte: galerías de arte alternativas, festivales, ferias y exposiciones de todo tipo atraen a millones de visitantes durante todo el año.

Por otra parte, tanta modernidad contrasta con las costumbres bien implantadas que mantienen los barceloneses, costumbres que tienen como propósito potenciar y cuidar su legado histórico: sus celebraciones llevan a la calle a cientos de ciudadanos, como sucede en cualquier localidad rural. Este es el ambiente que se respira en sus famosas fiestas de **La Mercè**, patrona de la ciudad, o en las de **los barrios de Sants** y de **Gràcia**: gigantes, toros de fuego, diablos, castillos humanos y conciertos de música.

En Barcelona hay mucho que ver: entre sus museos destacan las fundaciones de pintores como **Joan Miró** o Pere Tàpies, o el Museo

Picasso, y también hay mucho que hacer, como divertirse en su parque de atracciones del **Tibidabo** o acudir a un concierto en el maravilloso Palau de la música; pero también puede ser tu campamento base para descubrir el resto de Catalunya. A pocos kilómetros puedes ver la monumental ciudad medieval de **Girona**, visitar el **teatro-museo surrealista de Salvador Dalí** en Figueres, visitar las maravillosas playas de **Sitges** y de la **Costa Dorada**... y volver a Barcelona una y otra vez, porque ¡nunca tendrás bastante de esta ciudad de maravilla!

Comprensión lectora

1 Marca si las siguientes afirmaciones son verdaderas (V) o falsas (F). Luego, corrige las falsas y justifica las verdaderas subrayando en el texto el punto en el que se dice.

		V	F
1	Barcelona es una ciudad que da al mar.	☐	☐
2	Sus edificios modernistas son lo único importante de la ciudad.	☐	☐
3	Es una ciudad que siempre ha tenido unas playas preciosas.	☐	☐
4	Los barceloneses son un pueblo acogedor.	☐	☐
5	La modernidad es lo más importante para los barceloneses.	☐	☐
6	El ambiente de las fiestas de Barcelona es muy popular.	☐	☐
7	El resto de Cataluña también es muy interesante.	☐	☐

Personajes

De izquierda a derecha: Javier, la profe Montoliu, Merche, la cocinera fantasma, la profe Castejón, el inspector Carrascón.

ACTIVIDADES

Antes de leer

1 Asocia las siguientes palabras con las fotos.

a puchero
b gorro
c manzana
d amasar
e servicio
f filipina
g delantal
h cacerola
i vestidor

CAPÍTULO **1**

Un día cualquiera

Hoy, como todos los días, estoy llegando tarde. Vivo a seis manzanas de la calle Montaner, donde se encuentra la escuela. He elegido estudiar aquí porque la cocina es mi única pasión. Me toca correr porque ya son las ocho. Llegaré algo más sudado que de costumbre, ¡menos mal que me pongo el uniforme en los vestidores! Ya imagino a la profe de tercero, la antipática de la Castejón. Seguro que me pilla entrando tarde:

—¿Vos [1] tarde como siempre, *Javiercito*?

Y yo le sonreiré, pero no le diré lo que pienso: «¿Y vos tan antipática como siempre, *profita*?»

La profe Castejón es argentina, pero lleva más de veinte años en Barcelona. Sé que es una buena profe, pero dicen que es muy

1. **vos** : en algunos países de Hispanoamérica se usa en lugar del pronombre personal sujeto "tú".

CAPÍTULO 1

dura. Un hueso. Si pasas por delante de las cocinas del tercer curso cuando está ella, se oyen solo los ruidos de metal de cacerolas chocando entre ellas, pero siempre muy bajito, aceite friendo..., pero nada más. La cocina para mí es otra cosa. Mi profe, el señor Escueto, dice:

—Que le vamos a hacer, Javier, cada maestrillo tiene su librillo.[2]

—Sí, profe —le digo yo—, pero los platos no salen bien con tanta tristeza. Usted no puede decir nada porque es su colega, pero seguro que está de acuerdo conmigo.

—Bueno, ya vale, Javier, es mejor si te concentras en no llegar tarde. Tus compañeros están haciendo la *mise en place* para el servicio de mediodía —sentencia.

Las ocho y diez y salgo del vestidor. Merche se las arregla siempre para salir al pasillo cuando se despista el profe de primero, me mira y me dice: "¡Qué desastre!" con aquel tono particular, y en un momento me arregla el delantal, la filipina, el gorro... Y todo lo hace en dos segundos, me da un beso y se vuelve para adentro. La quiero con locura, y no entiendo por qué está enamorada, pues eso, de un desastre como yo. Ella es brillante, alegre, ¡perfecta!

Además de ser una chica maravillosa, Merche es una cocinera estupenda.

—Mira, Javier —me dice siempre—, para innovar en la cocina, como en cualquier otra cosa, hay que tener muy claro cuáles son tus raíces.

—Bueno, Merche —le digo yo—, que no todos tenemos la suerte de tener una madre cocinera de fama regional como tú tienes. Has crecido entre pucheros, chica, y sabes todo de la cocina tradicional catalana.

2. **cada maestrillo tiene su librillo**: modismo que significa que cada persona tiene una manera distinta de pensar y actuar.

CAPÍTULO 1

—Sí, pero al contrario de mi madre, yo amo la innovación, porque mi madre es muy amiga de Ferran Adrià, pero no quiere saber nada de su cocina. Bueno, ella es cien por cien tradicional, ya lo sabes.

—Oye, a lo mejor se hace amiga de la profe Castejón. ¿Por qué no se la presentas? —bromeo.[3]

—De la Castejón tampoco se puede decir que sigue la cocina tradicional, simplemente no tiene ni ideas, ni talento para crear. Es la maestra de la técnica, pero nada más...

Voy pensando en todo esto mientras entro en la escuela, y a medida que sigo adelante tengo una sensación extraña. Al final no me he encontrado ni con la profe Castejón, ni con Merche, ni con el señor Miguel, el bedel. No he encontrado a nadie.

«¿Dónde están todos?» me pregunto.

Doy vueltas por los pasillos, pero todas las aulas están vacías. Oigo ruidos en el patio exterior: sirenas y voces. Corro con el corazón que se me sale por la garganta, y al pasar por la cocina de segundo veo a Merche amasando en la mesa de trabajo. Freno mi carrera y vuelvo atrás para que preguntarle qué pasa, mientras pienso cómo puede estar tan tranquila con todo este ruido. Cuando estoy por preguntárselo oigo un grito desgarrador, y me doy la vuelta, girándome en dirección al patio de donde procede. Cuando vuelvo a mirar hacia donde estaba Merche, ella ya no está. No entiendo nada. ¿Dónde se ha metido? Pero algo me dice que tengo que correr en dirección de aquel grito. Empiezo a correr con más congoja[4] que antes, hasta que alcanzo el patio. Están todos allí: los compañeros, el profe Escueto, la Castejón gritando, Jaime a su lado, la profe Montoliu llorando... El cuerpo de Merche yace sin vida en el suelo.

---

3. **bromear**: decir algo para reírse o para hacer reír a alguien, sin mala intención.
4. **congoja**: angustia profunda, sufrimiento del ánimo.

Después de leer

Comprensión lectora

1 Después de leer el capítulo 1 responde a las siguientes preguntas.

1. Según el texto, ¿por qué Javier teme encontrar a la profesora Castejón?
2. ¿Los alumnos de la escuela de cocina llegan vestidos con su uniforme de casa?
3. ¿Javier y Merche son compañeros de clase?
4. ¿Por qué el profe Escueto no habla mal de la profesora Castejón?
5. ¿Por qué Javier piensa que Merche es un poco privilegiada?

Comprensión auditiva

2 **DELE** ¿De quién se habla? Escucha de nuevo el capítulo 1 y relaciona las siguientes frases con cada uno de los personajes. Ten cuidado, porque dos frases no corresponden a ninguno de los dos personajes.

a la profe Castejón
b Merche

1. ☐ Si pasas por delante de las cocinas del tercer curso cuando está ella, se oyen solo los ruidos de metal de cacerolas chocando entre ellas, pero siempre muy bajito, aceite friendo..., pero nada más.
2. ☐ Se las arregla siempre para salir al pasillo cuando se despista el profe de primero, me mira y me dice: "¡Qué desastre!" con aquel tono particular.
3. ☐ Tus compañeros están haciendo la *mise en place* para el servicio de mediodía.
4. ☐ Es argentina, pero lleva más de veinte años en Barcelona.
5. ☐ Ella es brillante, alegre, ¡perfecta!
6. ☐ ¿Por qué no se la presentas a tu madre?
7. ☐ ¿Dónde se ha metido?

13

ACTIVIDADES

Léxico

3 En el capítulo 1 han aparecido las siguientes palabras o expresiones. Identifica su significado entre las posibilidades que se te ofrecen.

1. De la profesora Castejón se dice que "es un hueso". ¿Qué significa?
   - a ☐ Expresión irónica para indicar que no es para nada delgada.
   - b ☐ Que es difícil de tratar, dura y exigente.
   - c ☐ Que es muy introvertida.

2. En el texto, Javier tiene miedo de que la Castejón "le pille". ¿De qué tiene miedo?
   - a ☐ De que le sorprenda.
   - b ☐ De que le agarre.
   - c ☐ De que le pinche.

3. En la clase de tercero se oye solo el metal de las ollas "chocar". ¿Qué significa?
   - a ☐ Que las ollas han caído.
   - b ☐ Que las ollas se golpean unas contra otras.
   - c ☐ Que brindan con las ollas.

4. Cuando se dice que Merche "se las arregla" para salir de la clase y ayudar a Javier, ¿qué es lo que se quiere decir que hace Merche?
   - a ☐ Que sale de clase y repara el uniforme de Javier.
   - b ☐ Que sale de clase y se da cuenta de que llega Javier.
   - c ☐ Que consigue salir de clase sin que la vea el profesor.

5. ¿Qué significa "salírsele a uno el corazón por la garganta"?
   - a ☐ Que vive un momento de gran ansiedad.
   - b ☐ Que está por tener un ataque de corazón.
   - c ☐ Que le duele mucho y muy fuerte la garganta.

6. Hacia el final se habla de "un grito desgarrador". ¿Qué tipo de grito es?
   - a ☐ Un grito muy fuerte.
   - b ☐ Un grito que produce horror.
   - c ☐ Un grito que es muy agudo.

ACTIVIDADES

Gramática

Algunas perífrasis de infinitivo y su significado

Pensar + infinitivo e **ir a** + infinitivo: expresan intención de hacer algo, una intención mayor en el primer caso.
Ej. **No pienso** ir contigo al cine esta tarde de ninguna manera.
Me han dicho que **vas a volver** a tu país el año que viene.

Estar por/para + infinitivo: expresa la intención de hacer algo inmediatamente o que algo está a punto de suceder.
Ej. No es un buen momento, **estoy por salir** de casa.

Hay que + infinitivo: indica una obligación impersonal.
Ej. Para estar en forma **hay que comer** bien.

Tener que + infinitivo: indica una obligación personal.
Ej. **Tenemos que contar** a los demás lo que ha ocurrido.

Volver a + infinitivo: indica que una acción se repite.
Ej. ¿Te importa **volver a decírmelo** que no te he entendido?

4 Completa las siguientes frases con una de las perífrasis del cuadro anterior, eligiendo siempre una diferente.

1. Para hacer el pan bueno tú .... poner ingredientes naturales.
2. Ahora nosotros .... hablar con la Policía.
3. Yo .... estudiar todo lo que puedo para sacar las mejores notas.
4. No .... usar una sartén para hacer un estofado.

Expresión escrita

5 `DELE` Escribe un correo a un(a) amigo/a explicándole que has elegido estudiar en una nueva escuela (70-80 palabras). Explícale:

- qué tipo de escuela es y qué se estudia;
- cuántos años vas a estudiar aquí;
- cómo son el ambiente, los profesores y los compañeros.

6 `DELE` Imagina que en los vestidores de tu gimnasio has perdido u olvidado algún objeto y quieres recuperarlo. Escribe un mensaje que vas a colgar en la pared con la esperanza de encontrarlo. (entre 20 y 30 palabras)

ACTIVIDADES

Antes de leer

1 Relaciona las siguientes palabras con las imágenes.

a especias
b cazuela
c barra de pan
d tejado

2 Y ahora completa las siguientes frases con las palabras nuevas que has aprendido.

1 Primero tienes que poner la carne en la .... y luego el resto de los ingredientes. No olvides que las .... van solo al final.
2 Para hacer una .... de medio quilo, puedes hacer un volcán de harina y luego añadir poco a poco el agua.
3 He visto al gato pasearse por el .... con toda la tranquilidad del mundo.

CAPÍTULO **2**

Ha sido un accidente

Después de un mes sin salir de casa, he decidido volver a la escuela. Ya sé que va a ser difícil enfrentarme a este lugar. No dejo de ver el cuerpo de Merche tirado en el suelo sin vida.

—Ha sido un accidente —me repite el profe Escueto—. Merche debió resbalar desde el tejado.

—Pero, ¿qué hacía allí cuando ya todos estaban en clase? —le replico yo en tono desesperado—. Ella era muy puntual...

—Miguel ha contado que a veces llegaba antes que los demás —insiste el profe Escueto— y subía al tejado para ver nacer el día.

El tejado es un lugar peligroso, todos tenemos prohibido subir allí, sobre todo en invierno, y el señor Miguel, el bedel, se lo decía siempre: "Las tejas de pizarra resbalan con la humedad

CAPÍTULO 2

de la noche". Pero Merche se sentía segura allí y no tuvo en cuenta el peligro.

Me he ido acostumbrando a la idea de su ausencia. He decidido dedicarme de lleno a la cocina y he dejado de llegar tarde, porque no soporto pensar que no la voy a ver salir de la clase para ayudarme con el uniforme.

A las siete y media ya estoy en el área de descarga de las mercancías. A las cocinas de la escuela llegan solo alimentos de primera calidad, pero los profes nos enseñan todos los días a controlarla. Muchas cosas son del mercado de la Boquería, uno de los mejores de Barcelona.

—Recuerda, Javier —me dice Jaime, que hoy está haciendo de asistente al profe Escueto—, que nuestro trabajo se basa en la humildad, y solo así podemos ser buenos en lo que hacemos. ¿Está claro?

Jaime es el mejor de los estudiantes de tercero y el predilecto de la Castejón. No es mal chico, pero nunca me ha caído bien, porque yo tampoco le caigo bien a él. ¿Jaime que me habla de humildad?

—Y hoy, ¿qué preparamos? —le pregunto al profe Escueto, porque a Jaime no le he hecho ni caso.

—Hoy es lunes, y como todos los lunes nos ocupamos de amasar el pan. Es el primer alimento de nuestra tradición. Volvemos al pan de barra que servimos a la mesa cortado en rebanadas... A ver, Javier, dime todos los procedimientos del amasado.

—Bueno, antes que nada —explico yo— hay que tamizar[1] la harina y la sal preparando un volcán...

—¿Y las cantidades de agua? —me pregunta Jaime.

---

1. **tamizar** : pasar por el tamiz, un utensilio que se usa para separar sustancias de distinto grosor.

Ha sido un accidente

—Sí —respondo seco—, en realidad la cantidad es aproximada porque depende del tipo de harina— le dejo planchado[2] y sigo.
—Muy bien, chico —me felicita el profe; Jaime sonríe, pero su sonrisa parece forzada.
El día ha ido bien y cocinar me distrae. Al salir de la escuela encuentro solo al señor Miguel, que está pasando el mocho.[3] Oigo un ruido en la cocina de segundo, me acerco y la veo.
—¿Merche?
—Hola —me contesta—. ¿Buscas a alguien?
No es Merche. ¿Cómo iba a ser Merche?
«Estoy tonto» pienso.
Es una chica a la que no he visto nunca. Su uniforme es diferente al que llevamos nosotros. Lo que me ha sorprendido más han sido la falda y el delantal largo y los manguitos blancos de la época de Maricastaña.[4] Es joven, pero mayor que nosotros.
—¿Qué haces aquí a estas horas? —le pregunto—. Ya no queda nadie.
—Bueno, quedo yo —me responde.
—¿Eres del primer curso? No te he visto nunca. ¿Eres nueva?
—¿Nueva? No. Llevo muchos años aquí —me responde.
—¿Muchos años? ¿Qué pasa, que te han suspendido siempre? —añado—. ¡No me pareces muy vieja!
—Oye, ¿tú siempre preguntas tanto? —me dice ella mientras sigue cocinando.
—¿Qué cocinas?

2. **dejar planchado a alguien** : dejar a alguien sin capacidad de reacción.
3. **mocho** : fregona, utensilio que sirve para fregar el suelo de pie.
4. **de la época de Maricastaña** : de una época pasada muy lejana. María Castaña o Maricastaña fue una mujer que vivió en Galicia en el siglo XIV y que fue protagonista de una revuelta contra el poder eclesiástico.

CAPÍTULO 2

—Es un estofado de costilla de ternera con patatas —me responde, mientras trocea una cebolla y un pimiento verde.

—¿Y lo preparas todo en la misma cazuela? —sigo curioso.

—¿Qué pasa, que no te han enseñado a guisar? —me responde simpáticamente descarada.

El guiso se va haciendo en la cocina y nos ponemos a hablar de las costumbres gastronómicas españolas, y me cuenta cosas curiosas que no sabía sobre la historia de la cocina.

—¿Conoces el libro *Los guisados del cocinero de la casa real*? —me pregunta.

—¿Te interesan los cotilleos [5] de las revistas del corazón? —bromeo, pero me extraña que una chica joven lea revistas en las que se habla de las casas reales europeas.

—¿Cotilleos? —parece no entenderme—. No sé. Bueno, pues ahí se explica que el guiso tiene que rehogarse con especias y es lo que hago yo creando la salsa en la que luego cuezo los alimentos, que pueden ser legumbres, patatas o incluso pasta.

Después de hora y media, cuando la cocina huele de maravilla, me levanto para ir a probar el guiso, pero cuando me doy la vuelta ella ya no está. Apago el fuego y decido irme a casa. Le digo al bedel que tiene un guiso para llevarse para la cena y le pregunto:

—Oiga, señor Miguel, ¿ha visto salir a esa chica que estaba conmigo en la cocina?

—No he visto a nadie, Javier —me responde.

Decido que ya es tarde y que es mejor irse a casa.

---

5. **cotilleo**: noticia o comentario con que se pretende murmurar de alguien o indisponer a unas personas con otras.

Después de leer

Comprensión lectora

1 Di si las siguientes afirmaciones son verdaderas (V) o falsas (F).

		V	F
1	Merche sabía que subir al tejado era peligroso.	☐	☐
2	Javier sigue llegando tarde a la escuela.	☐	☐
3	No siempre los productos que llegan a la escuela son de calidad.	☐	☐
4	Jaime es el alumno preferido de la profesora Castejón.	☐	☐
5	El pan de barra se ha puesto de moda.	☐	☐
6	Javier se sorprende de la manera en la que la chica misteriosa cocina el estofado.	☐	☐
7	Javier le dice al bedel que tiene un estofado para llevarse a casa.	☐	☐

Comprensión auditiva

2 Escucha atentamente el capítulo 2 y escribe quién dice cada una de estas cosas. ¡Cuidado, el sentido es el mismo, pero las palabras son otras! En tu cuaderno escribe cómo lo dicen los personajes en el texto.

1. «Merche llegaba siempre en horario» ....
2. «Merche subía hasta la terraza para ver el amanecer» ....
3. «Le dejo sin palabras y sigo» ....
4. «No pareces tan mayor» ....
5. «Me parece que preguntas mucho» ....

Léxico

3 Relaciona cada uno de los siguientes alimentos con el tipo de envase o unidad de medida con el que suelen comprarse.

1	☐	pan	a	paquete
2	☐	patatas	b	bote
3	☐	legumbres	c	bolsa
4	☐	pescado	d	barra
5	☐	leche	e	gramos
6	☐	jamón	f	filete
7	☐	azúcar	g	botella

ACTIVIDADES

4 Ahora indica en qué tiendas compras los alimentos del ejercicio anterior.

panadería	verdulería	pescadería	comestibles	charcutería

5 Elige la respuesta correcta teniendo en cuenta el contexto en el que aparecen las siguientes palabras en el capítulo.

1   ¿Qué significa **caer bien** a alguien?
 a ☐ Que a alguien le parezco simpático.
 b ☐ Que si uno se cae, mejor estar al lado de alguien.
2   ¿Qué significa **no hacer ni caso** a alguien?
 a ☐ No darse cuenta de lo que dice otro.
 b ☐ No darle importancia a alguien de forma voluntaria.
3   ¿Qué significa **acostumbrarse**?
 a ☐ Que para uno se hace habitual por ejemplo una situación.
 b ☐ Ponerse a la sombra.
4   ¿Qué significa **suspender**?
 a ☐ No aprobar el curso.
 b ☐ Interrumpir el curso.
5   ¿Sabes qué son las **tejas de pizarra**?
 a ☐ Las piezas de piedra negra que sirven para cubrir el tejado.
 b ☐ Las superficies sobre las que se escribe en la clase.

Gramática

Pretérito perfecto (o pasado compuesto)

Se forma con el presente de indicativo del verbo **haber** + el verbo en participio.

persona	verbo haber	participio
yo	he	
tú	has	
él/ella, usted	ha	raíz verbos 1ª conj. + **ado**
nosotros/as	hemos	raíz verbos 2ª y 3ª conj. + **ido**
vosotros/as	habéis	
ellos/as, ustedes	han	

ACTIVIDADES

El pretérito perfecto se refiere generalmente a acciones que han tenido lugar en una unidad temporal que todavía no ha terminado para el hablante. Ejemplos de esas unidades temporales abiertas son: **esta mañana; esta tarde; hoy; siempre; alguna vez...**

Ej. *Siempre* **hemos veraneado** *en Benidorm.*
Esta tarde Pablo **ha comprado** *la cena para todos.*
Hoy **no he venido** *a clase porque estaba enferma.*

Participios irregulares

| ver | → | **visto** | decir | → | **dicho** | volver | → | **vuelto** |
| escribir | → | **escrito** | poner | → | **puesto** | hacer | → | **hecho** |

6 Completa las siguientes frases con los verbos del cuadro conjugados en pretérito perfecto.

> preparar   llegar   presentar   ser   ver   soportar

1. Cuando nosotros .... al aula, todos los compañeros estaban preparados para empezar la clase de panadería.

2. En el área de mercaderías de la escuela esta mañana nosotros .... descargar el pescado más fresco del mercado.

3. Jaime .... siempre el alumno preferido de la profesora Castejón y nunca me ....

4. La receta que ellos .... para el servicio de hoy es un guiso a base de legumbres.

5. La chica misteriosa se .... vestida de una manera muy rara para ser una chica tan joven.

Expresión escrita

7 Imagina que compartes piso con otros chicos o chicas y que hoy le toca hacer la compra a un compañero. Tú tienes que dejarle preparada la lista de la compra explicándole para qué necesitáis cada una de las cosas que tiene que comprar. (30-50 palabras)

8 **DELE** Escribe una pequeña entrada de blog de entre 70 y 80 palabras en la que defiendas las ventajas e inconvenientes de comprar en los mercados, comercios tradicionales o en las grandes superficies.

Del mercado a la mesa

En Barcelona hay una red de cuarenta mercados de alimentación, en los que encontramos un ambiente vivo y alegre. Entre ellos, uno de los más famosos es el de **la Boquería**, que se encuentra en plena Rambla de Barcelona. Su origen se remonta al siglo XII, pero el aspecto actual que tiene, con su cubierta metálica modernista, es solo de 1914. Hoy en día, este mercado es un referente mundial. Muchos expertos del sector lo definen el mejor escaparate de materias primas de la ciudad y del mundo. Por eso, este lugar en el que se puede pasear, tomar algo y charlar, es un lugar de referencia para gastrónomos y chefs que se acercan al mercado para comprar la gran variedad de productos que este lugar ofrece.

Esa gran variedad luego la encontramos en la cocina catalana, que disfruta actualmente de prestigio internacional por haber sabido hallar el difícil equilibrio entre innovación y tradición, gracias al trabajo de cocineros como Joan Roca, Carme Ruscalleda, Santi Santamaria

y, sobre todo, de **Ferran Adrià**. Tras la cocina catalana actual hallamos la historia de un territorio, una forma de ser y de hacer que está influida, además de por los productos procedentes de América, por la cocina de los pueblos que la han conquistado: sobre todo el árabe.

De esta manera, el arroz, las legumbres, las hortalizas y el aceite son lo que más se nota en las salsas, como la **picada**, una mezcla de fruta seca, líquidos de cocción, ajo, hierbas aromáticas; o el **sofrito**, que se hace con ajo, cebolla y/o tomate, pimiento verde frito con aceite de oliva; o en la **salsa romesco**, una mezcla de tomate, pimientos, ajo asado, perejil, almendras, avellanas, piñones y pan frito. Todas estas salsas no pueden faltar como condimento de guisos y cazuelas tradicionales catalanas. Además no hay que olvidar las salsas frías, como el famoso *allioli*: simple emulsión en el mortero con ajo y aceite; o el uso de las hortalizas en las *samfainas* o en la *escalibada* de pimientos, berenjenas y cebollas asadas... Pero, además de todo esto, el secreto de su éxito internacional es la singularidad de combinación en el mismo plato de lo que produce la tierra y lo que proporciona el mar.

Si hacemos un recorrido por la carta de un restaurante tradicional catalán veremos en los entrantes: *esqueixada de bacallà* (bacalao desmenuzado en ensalada con aceitunas negras o verdes y pimientos asados); *pà amb tomaquet* (rebanadas de pan untadas con tomate maduro, aderezadas con sal y aceite).

Seguiremos con los primeros: **canelones** siempre rellenos de carne y cubiertos de abundante salsa bechamel, gratinados al horno con queso rallado, que es uno de los platos más festivos de la cocina popular catalana; la *fideuà* y la **paella** (que básicamente llevan los mismos ingredientes, pero la paella se hace con el arroz y la *fideuà* con los fideos, que son de pasta); la *carn d'olla* o *escudella*, que es uno de los numerosos tipos de "cocido" existentes a lo largo de todo el país.

Los segundos más tradicionales son: *mandonguilles amb sepia* (albondigas de carne cocinadas con trocitos de sepia); *mar i muntanya* (con carne y crustáceos); *fricandó* (filetes finos de ternera con salsa, setas, servidos con patatas).

Y, para terminar, los postres: *mel i matò* (queso fresco con miel); *pà de Pessic* (bizcocho); *carquiñolis* (pastas secas con almendras).

Comprensión lectora

1 Relaciona las dos partes para formar frases completas.

1 ☐ El mercado de la Boquería
2 ☐ La gente va al famoso mercado de las Ramblas
3 ☐ El romesco es una salsa que se hace
4 ☐ Otra salsa catalana muy famosa es el allioli
5 ☐ Pocos saben que los canelones
6 ☐ La *fideuá* y la paella son

a que se hace con el aceite y el ajo.
b casi lo mismo pero uno lleva pasta y el otro arroz.
c son un plato festivo típico catalán.
d no tuvo siempre el aspecto actual.
e con una mezcla de tomate, pimientos, ajo asado, perejil, almendras, avellanas, piñones y pan frito.
f para comprar, pasear y tomar algo.

ACTIVIDADES

Antes de leer

1 Asocia las siguientes palabras con las fotos.

a buhardilla   c timbre   e despacho
b internado   d fachada   f musgo

 1
 2
 3
 4
 5
 6

2 Asocia las siguientes definiciones con su palabra correspondiente.

1. ☐ Habitación más alta de la casa, inmediatamente bajo el tejado.
2. ☐ Local destinado al estudio o a una gestión profesional.
3. ☐ Llama o avisa a los de adentro.
4. ☐ Establecimiento donde viven alumnos u otras personas internas.
5. ☐ Es la cara del edificio.
6. ☐ Capa de hierba muy fina que crece en la humedad y parece terciopelo.

CAPÍTULO **3**

Una chica misteriosa

Es el primer día que llego una hora antes a la escuela. Todavía estoy intrigado por lo que me pasó ayer en la cocina de segundo. Tengo que averiguar quién es la chica con la que hablé. La escuela está cerrada. Nunca me paro a contemplar el edificio desde la fachada principal; como llego siempre de prisa, no tengo tiempo ni de mirarla.

Es un edificio muy antiguo, de la época modernista. La profe Estrella Montoliu, que es nuestra directora, está siempre intentando conseguir fondos para rehabilitarlo. Era una antigua escuela de monjas para niñas. En realidad tenía una parte de internado y por eso, entre las niñas que comían todos los días y las que vivían allí toda la semana, las cocinas eran enormes. Cuando la escuela de cocina de Barcelona decidió abrir sus puertas, se pensó

CAPÍTULO 3

que aquel era el edificio ideal. Miro hacia arriba y no puedo evitar pensar en Merche. Mientras bajo la mirada, me parece ver una sombra en las ventanas de la buhardilla.

«¡Qué raro! Bueno, en realidad no he tocado el timbre, a lo mejor el bedel está dentro» pienso.

Me acerco al portal y empiezo a tocar insistentemente el timbre, pero de cuando en cuando doy unos pasos atrás para mirar hacia arriba. Mientras hago todo esto, llega el bedel.

—¡Oye! ¡Que me vas a romper el timbre! ¡Déjalo ya, que dentro no hay nadie! ¡Soy yo el que tiene las llaves! —me regaña.[1]

—¿Está seguro? Porque yo he visto... —me interrumpo—. Bueno, da igual.

El hombre me mira con cara de sueño y abre la puerta. Entramos, y mientras lo hacemos le pregunto por el guiso de anoche.

—Vaya ganas de bromear que tienes, chico, y yo que te había creído.

«¿Qué quiere decir?» me pregunto.

Hoy la mañana ha empezado con la clase de sala: servicio en la mesa del restaurante y del bar. Nuestra profesora es la directora, la profe Montoliu, que nada más entrar en clase, acompañada de dos policías, nos dice:

—Al parecer, la Policía está investigando sobre la muerte de Merche. Dicen que se trata de rutina, pero quieren saber qué ha pasado exactamente.

Según nos han contado los agentes, el bedel ya había informado a la Policía de que Merche no le había hecho caso, y aquella mañana había subido al tejado. Cuando llegó la policía y subieron al tejado, vieron las huellas de Merche en el musgo de las tejas. Todo indicaba

---

1. **regañar**: dar muestras de enfado con palabras y gestos.

CAPÍTULO 3

un accidente. Pero ahora nos estaban diciendo que el forense no estaba de acuerdo: alguien la había empujado.

¡Un asesinato! Pero ¡si Merche no tenía enemigos! ¡Eso es imposible! No, no podía tener enemigos.

Los policías nos preguntan si hemos visto algo, y yo no puedo evitar hablar y levanto la mano.

—Tú, el que ha levantado la mano. Nombre y apellido —me pregunta uno de los policías.

—Me llamo Javier —respondo.

—Tú eres el chico que salía con Merche, ¿no? —me dice él.

—Sí, y aquella mañana, cuando llegué tarde como siempre y andaba por los pasillos sin entender por qué no había nadie por ningún sitio, vi a Merche en la cocina de segundo —le digo de corrido, liberándome de un peso.

—¿Pero eso fue antes de la caída? —me pregunta el inspector Carrascón, que así se llama el policía.

—Sí, estaba amasando algo. Pasó un segundo, y cuando volví a mirarla ya no estaba. Corrí hacia el patio y ella ya estaba muerta —recuerdo emocionado.

—Bueno, chico, ¿te das cuenta de que eso no puede ser?

—Sí, es posible —le respondo—, pero estoy tan seguro de haberla visto, que tenía que decírselo a alguien.

—De todas maneras, si quieres hablamos después en el despacho de la directora —me dice muy comprensivo el inspector Carrascón, mientras se va con la profe Montoliu.

Yo les sigo después de unos minutos y, cuando llego al despacho, encuentro al policía sentado delante del escritorio. Estaban ya hablando cuando yo he abierto la puerta. La profe Montoliu me mira y me dice:

Una chica misteriosa

—Es normal, Javier. Yo creo que quiso despedirse de ti...

—Bueno, profesora, con todos los respetos —la interrumpe el policía—, nada de fenómenos paranormales. Nuestro deber es basarnos en datos objetivos. Tenemos la declaración del bedel, la de la profesora Castejón, pero con su permiso, directora, vamos a hablar con todos los alumnos y profesores de la escuela.

—Adelante, haga lo necesario —responde la directora.

El policía sale del despacho y yo me quedo con ella.

—Profesora, ¿usted cree en los fantasmas? ¿Cree que yo he visto al fantasma de Merche o algo así? —le pregunto.

—Yo creo que a veces hay situaciones que se quedan sin solucionar y hay fuerzas... —la profe se interrumpe y yo quiero saber más.

—Profe, ¿qué iba a decir? —insisto.

—Mira, este lugar es muy antiguo y se cuentan muchas cosas. No sé si son verdad o no. Bueno, no quiero hablar más de esto. Vamos al comedor, a ver si poco a poco llegan tus compañeros del interrogatorio y seguimos con nuestra clase.

Ya en el comedor:

—Vamos a ver, Javier, ¿esa sonrisa? —me regaña la profe—. ¿Recuerdas qué tiene que hacer un buen camarero cuando sirve la mesa?

—Sí, profe. El cliente merece la mejor de nuestras sonrisas. Pero recuerde que yo no quiero ser camarero —añado.

—Un buen cocinero o un buen chef tiene que saber servir sus platos —insiste ella.

—Pero es que a mí me da bastante vergüenza [2] —le digo yo.

---

2. **dar vergüenza**: sentir turbación del ánimo ocasionada por alguna falta cometida, o por alguna acción humillante.

CAPÍTULO 3

—Eso es porque no te crees el papel[3] que interpretas —dice ella—. ¿Has olvidado lo que hemos aprendido?

—No, profe. Servir es como actuar en el escenario. Nuestro papel es este y tenemos que hacerlo bien hasta el final, ya sé... —hago una pausa— a veces es difícil.

—Exacto, "el espectáculo continúa" —dice ella—. Quiero verte mover con elegancia por la sala. Vamos, ¡a preparar la mesa!

Asumo el rol de camarero y paso a paso pongo los manteles, las copas centradas, una para el agua y la otra para el vino, los cubiertos en orden: cuchillo a la izquierda, cuchara y tenedor a la derecha, servilleta doblada sobre el plato sopero. La cucharilla...

Poco a poco llegan a la clase los demás y la profe nos informa del menú que tenemos que servir.

—Bien, chicos —dice la profesora Estrella—. Hoy, de primer plato tenemos sopa o estofado de costilla de ternera con patatas.

—¡¿Qué?! —exclaman todos a coro—. ¡¿Sopa, profe?!

Yo me quedo sorprendido, pero no por la sopa sino porque uno de los primeros del día es el "estofado de ternera con patatas". ¡Qué casualidad, es el mismo que el de la chica misteriosa!

—Ya sé que es difícil servir la sopa —nos consuela[4]—, pero esto es lo que hay, y tenéis que aprender a moveros desde la cocina hasta la mesa con un plato de sopa sin derramar una gota.

—¿De qué cocina llega el estofado de patatas? —pregunto nervioso.

—De la cocina de segundo —me dice mirándome fijo.

Parece que se ha dado cuenta de que acabo de comprender su secreto.

---

3. **papel**: función que se cumple en alguna situación o en la vida.
4. **consolar**: aliviar la pena o la aflicción de alguien.

Después de leer

Comprensión lectora y auditiva

1 Di si las siguientes afirmaciones son verdaderas (V) o falsas (F).

		V	F
1	El edificio de la escuela era una convento de monjas.	☐	☐
2	Las cocinas del antiguo edificio eran muy grandes.	☐	☐
3	Las llaves de la escuela las tiene solo el bedel.	☐	☐
4	Carrascón piensa que la profe Montoliu está loca.	☐	☐
5	La profe Montoliu cree en los espíritus.	☐	☐
6	A Javier le encanta servir las mesas.	☐	☐
7	Según la profe Montoliu, un chef debe saber servir sus platos.	☐	☐
8	Los alumnos protestan en la sala porque están cansados.	☐	☐
9	Lo que le sorprende a Javier es que hay que servir sopa.	☐	☐
10	Javier piensa que la directora ha entendido que él ha descubierto algo.	☐	☐

2 Escucha el siguiente texto sobre el arte de servir de la profesora Montoliu y completa con las palabras que faltan.

Chicos no tenéis que olvidar nunca que las verdaderas estrellas cuando estáis en la sala, son los (**1**) .... Ellos están allí para pasar un buen momento, a veces ni siquiera están allí por la comida y están allí (**2**) .... un encuentro familiar o cerrando un negocio, pero lo que está claro es que quieren disfrutar de un buen (**3**) .... y que les asista un profesional. Y vuestra obligación es hacerles vivir una experiencia maravillosa y hacerles volver otro día. Para ellos vuestras cualidades principales deben ser: (**4**) ...., atención, (**5**) .... y diligencia. De todas ellas, la más importante es la atención. Hay que ser (**6**) "....................................." siempre para estar en el momento justo y darles justo lo que necesitan con velocidad, serenidad y (**7**) .... Nos anticipamos siempre a sus (**8**) .... pero al mismo tiempo invisibles. Y sobre todo, que nunca se os olvide: servidores, pero nunca siervos.

ACTIVIDADES

Léxico

3 Identifica el significado de las siguientes expresiones que han salido en el texto con los verbos que aparecen al lado. ¡Cuidado! Las expresiones son cinco y los verbos siete. Sobran dos.

1	derramar una gota	a	contar
2	decir algo de corrido	b	explotar
3	librarse de un peso	c	tirar
4	actuar en el escenario	d	entender
5	darse cuenta	e	representar
		f	caer
		g	tranquilizarse

4 Coloca en la foto las siguientes palabras.

- a mantel
- b copa de agua
- c copa de vino
- d cuchillo
- e tenedor
- f cuchara
- g servilleta
- h plato sopero
- i plato llano

Gramática

El pretérito indefinido (o perfecto simple) de indicativo

Cant-ar	Com-er	Viv-ir
cant-**é**	com-**í**	viv-**í**
cant-**aste**	com-**iste**	viv-**iste**
cant-**ó**	com-**ió**	viv-**ió**
cant-**amos**	com-**imos**	viv-**imos**
cant-**asteis**	com-**isteis**	viv-**isteis**
cant-**aron**	com-**ieron**	viv-**ieron**

El pretérito indefinido se usa para las acciones realizadas en una unidad temporal que ha terminado para el hablante en el momento en el que se está expresando. Ejemplos de estas unidades temporales son: **ayer, la semana pasada, el mes pasado, en 2003, hace un año,** etc.

Ej. *La semana pasada **fuimos** a ver a la abuela.*
*Ayer **estuvimos** ocupados todo el día.*

5 Completa el texto con el pretérito perfecto o con el pretérito indefinido cuando sea necesario. ¡Atención al marcador temporal!

Esta mañana cuando (**1**) .... (*llegar, yo*) a la escuela no imaginaba que iba a encontrar a la policía. La muerte de Merche (**2**) .... (*suceder*) hace un mes y no entiendo por qué siguen investigando. Cuando después de la reunión con Carrascón yo (**3**) .... (*ir*) al despacho de la profe Montoliu, ella (**4**) .... (*empezar*) a ponerse nerviosa. Ayer (**5**) .... (*hablar, yo*) con ella y no (**6**) .... (*reaccionar, ella*) así. ¿Qué le pasa?

Expresión escrita y oral

6 Escribe tu menú ideal indicando primero, segundo y postre. Indica qué cubiertos pones en la mesa para comerte todo el menú. (30-50 palabras)

7 Cuenta lo que hiciste el año pasado durante tus vacaciones de Navidad.

Antes de leer

1 Asocia las siguientes palabras con las fotos.

a estantería
b puerta corredera
c escalera de caracol
d butaca
e tirador
f rincón

2 Ahora utiliza las palabras del ejercicio anterior para completar las siguientes frases.

1 Más vale vivir en un .... del patio que dentro de un palacio con una persona agresiva. (prov. bíblico)
2 Las jerarquías son como las ...., cuánto más altas, más inútiles. (anónimo)
3 La .... es el ascensor a pie. (R. Gómez de la Serna)
4 La .... es una silla cómoda con brazos.
5 El .... es la manita de la puerta.
6 La .... tiene mucha prisa por abrirse y cerrarse.

CAPÍTULO 4

¿La profe está loca?

Cuando termina el servicio de mediodía me precipito hacia la cocina de segundo. Tengo que descubrir qué pasa. Está todo recogido y me dirijo hacia las estanterías de las ollas.

«Ahí está» pienso. Es la cacerola de porcelana en la que mi amiga misteriosa preparaba el estofado ayer tarde. No es de aluminio como las otras, esta es muy antigua. La cojo para ver si hay algo dentro, agarro la empuñadura para abrirla, pero cuando la toco siento una fuerte descarga de energía y me da calambre.[1]

—¡Ah! —exclamo—. ¿Qué significa?

1. **dar calambre**: sentir un estremecimiento por una descarga eléctrica.

CAPÍTULO 4

Noto que no estoy solo en la cocina y me doy la vuelta porque alguien me está observando. Pero cuando me giro no veo a nadie. Oigo en cambio a la profe Montoliu que está en la puerta y me dice:

—¿Qué te pasa, Javier? Parece que has visto un fantasma. Esta no es la hora de estar en la cocina. Aquí está ya todo recogido. Es mejor si te vas de aquí.

Nunca me ha hablado en ese tono autoritario. He tenido suficiente por hoy y creo que lo mejor es hacerle caso y largarme.[2] Lo hago corriendo, porque en realidad tengo intenciones de salir al patio y rodear el edificio, para poder espiarla desde el exterior de las ventanas que dan a la calle. Cuando llego a la ventana, veo a la profesora hablar con alguien. Mueve los labios y gesticula, pero no veo a nadie más en la cocina. No puedo oír lo que dice, porque la ventana está cerrada. ¿Con quién habla?

Al final me he tenido que ir a casa sin descubrir nada. Mientras estaba mirando por la ventana del patio a la profe Montoliu, ha llegado el bedel:

—¡Eh tú! ¿Qué haces ahí, chico? —me regaña.

—Nada, nada. Es que se me había caído una moneda de dos euros, pero no la encuentro —disimulo mientras tanteo[3] la acera—. Bueno, ¡qué le voy a hacer! Me quedo sin volver a casa en autobús.

—¿Pero no has venido en bici como siempre? —me pregunta.

—No, hoy me he venido dando un paseo —me siento ridículo mientras estoy improvisando—, pero para regresar a casa pensaba irme en bus, porque la verdad es que ha sido un día duro, pero no pasa nada.

A la mañana siguiente vuelvo a llegar antes que el bedel. Pero

---

2. **largarse**: irse o ausentarse rápidamente de un lugar.
3. **tantear**: tocar con la mano el suelo.

¿La profe está loca?

en lugar de acercarme y llamar, prefiero esperar en la calle de enfrente. Desde allí veo claramente la entera fachada de la escuela, y esta vez traigo unos prismáticos. No dejo de fijar las ventanas de la buhardilla para ver si algo se mueve. Pero nada, no pasa nada.

Después de quince minutos, decido que lo mejor es acercarme y llamar al timbre como el otro día. Lo hago y corro inmediatamente para recuperar la posición desde la calle de enfrente. ¡Bingo! Veo como se mueven las cortinas, y una mano las aparta y da un rápido vistazo al exterior. Es una chica joven con el pelo corto y moreno. Viste de blanco y me ha visto, porque rápidamente ha dado un paso atrás y la cortina ha vuelto a cubrir el cristal. No he tenido tiempo de verla bien, han sido dos o tres segundos al máximo, pero parece... ¡parece Merche!

¿Qué significa? ¡No puede ser Merche! Merche está muerta. Mientras pienso en todo esto llega por fin el bedel y yo corro hacia la puerta; después de esconder bien los prismáticos, paso por su lado saludándole sin mirarle a la cara y sigo corriendo hacia las escaleras, pero el bedel me llama:

—¡Javier, ya sabes que no se puede subir! ¡Está prohibido! ¡No hagas tonterías, muchacho, que bastante hemos tenido ya! —me grita.

El hombre está haciendo su deber. Pienso entonces que puedo acercarme a la cocina de segundo. Entro y me pongo exactamente en el lugar en el que estaba la profesora Montoliu cuando hablaba con alguien el día anterior. Estaba justo en esta posición y si hablaba con alguien, ese alguien tenía que estar... ahí, justo en la puerta de la despensa.

Todas las cocinas tienen una despensa con puerta corredera. Si había alguien dentro yo no podía verlo desde el otro lado de la ventana. Me acerco, pero no me parece ver nada extraño. Entro y

CAPÍTULO 4

decido examinar detenidamente todos los rincones de aquel lugar: las estanterías con los botes de legumbres, tarros con harina, bolsas con cebollas y ajos, paquetes de pasta, arroz... Abro y cierro todo lo que encuentro, muevo latas y cajas lentamente, sin hacer ruido. No sé qué estoy buscando, pero algo me dice que este lugar esconde algo. Y al final la encuentro.

Es una especie de puerta pero a nivel del muro, una puerta tabique. Se distingue únicamente la línea sutil del marco de una puerta. Es muy pequeña y estrecha. No tiene tirador, la empujo hacia el interior y oigo un clic. Se ha abierto. El corazón me late a mil por hora; detrás de aquella puerta puede haber alguien o algo. Abro despacio, lentamente y aparece ante mí una escalera de caracol estrechísima. Miro por el hueco hacia arriba y veo que sube hasta la buhardilla. Empiezo a subir y, mientras lo hago, pienso que alguien podría cerrar la puerta por la que he entrado y yo quedarme allí encerrado. Pero no puedo volver atrás, tengo que descubrir qué está pasando, quién está ahí arriba, qué misterio encierra esta escuela.

Llego hasta el último piso y me encuentro con otra puerta escondida en la pared. Empujo como he hecho con la de abajo, pero no se abre. De repente oigo voces y pego la oreja a la puerta. Se oyen bien. Son dos voces femeninas. Oigo que una está hablando y la otra le dice algo, pero no entiendo. Es la voz de la chica misteriosa de la cocina de segundo.

De repente oigo: "¡qué desastre!". ¡Es Merche! Solo ella usa el tono del caballito de mar en la película de *Nemo*, cuando este se atreve a nadar en mar abierto.

—¡Merche! ¡Merche! —grito mientras golpeo la puerta tabique.

Está allí, la he encontrado, ¡no está muerta!

Pero las voces se han callado y ya consigo oír solo mis gritos.

CAPÍTULO 4

Entonces echo a correr escaleras abajo, salgo al pasillo y corro para alcanzar la escalera principal. Tengo la suerte de que el señor Miguel está barriendo la entrada de la escuela y no me ve pasar. Subo los cuatro pisos sin sentir las piernas ni el cansancio. En mi cabeza oigo solo las palabras de Merche "¡qué desastre!" y me repito «es ella, estoy seguro, es Merche». Mientras empiezo a sentir la humedad en mis ojos, sigo corriendo hasta alcanzar la puerta de la buhardilla. Solo una vez he estado aquí con Merche para conocer su rincón de paraíso desde el que se divisa el mar a lo lejos. Llego a la puerta de la buhardilla, pero está cerrada, nadie la abre desde hace años. Golpeo con mi costado para lograr tirarla abajo, pero lo único que consigo es hacerme mucho daño. Estoy concentrado en el dolor de mi hombro cuando oigo que alguien me grita:

—¡Javier! ¿Qué haces aquí? ¿Qué estás haciendo? ¿Estás loco? ¿Te has hecho daño? ¡Claro que te has hecho daño! Pero, ¿cómo se te ocurre?

Es la profesora Montoliu, probablemente me ha visto subir las escaleras y me ha seguido. Intento explicarle todo lo que me ha pasado, pero las palabras me salen a borbotones [4] y son incomprensibles, así que me callo y empiezo a llorar. Lloro de rabia, de tristeza. La profe me abraza y me acompaña.

Bajamos las escaleras juntos y me lleva a su despacho, me deja sentado en una butaca y se va a la cocina para buscar hielo para ponerme en el hombro en el que me he dado el golpe. Cuando me quedo solo, logro tranquilizarme.

---

4. **salir a borbotones**: en este caso, que las palabras le salen como un líquido que brota, hablando de manera acelerada o precipitadamente, queriendo decirlo todo de una vez.

A C T I V I D A D E S

Después de leer

Comprensión lectora

1 **DELE** Elige la respuesta correcta.

1 Cuando Javier está en la cocina de segundo se da la vuelta…
   a ☐ porque ha visto un fantasma.
   b ☐ porque presiente que alguien le está observando.
   c ☐ porque descubre a la profe Montoliu en la puerta.
2 ¿Qué le hace la profesora Montoliu a Javier?
   a ☐ Le pregunta si ha visto al fantasma.
   b ☐ Le habla como nunca lo ha hecho antes.
   c ☐ Le grita.
3 Cuando sale de la cocina, Javier…
   a ☐ se va a su casa.
   b ☐ se va al patio con el bedel.
   c ☐ espía desde fuera de la cocina de segundo.
4 En la cocina de segundo, Javier…
   a ☐ no encuentra nada especial en la despensa.
   b ☐ encuentra una puerta secreta.
   c ☐ encuentra solo comida en la despensa.
5 Al llegar arriba de la escalera de caracol, Javier…
   a ☐ oye a una sola mujer hablando.
   b ☐ reconoce enseguida la voz de la profe Montoliu.
   c ☐ reconoce una frase que decía Merche.
6 Cuando Javier sube por la otra escalera…
   a ☐ consigue abrir la puerta.
   b ☐ la profesora Montoliu le para.
   c ☐ la profe Estrella le sigue.

2 En este capítulo han vuelto a aparecer palabras de dos campos semánticos que ya habíamos analizado en capítulos anteriores. Completa las columnas con las palabras a las que nos referimos.

Arquitectura	Cocina

Léxico

3 En el capítulo 4 han aparecido las siguientes palabras o expresiones entre comillas. Identifica su significado entre las posibilidades que se te ofrecen.

1. ¿Qué significa "hacerse daño" en el texto?
   - a ☐ causarse dolor
   - b ☐ pegarse
   - c ☐ chocar

2. ¿Qué significa "lograr" en el texto?
   - a ☐ conseguir
   - b ☐ esperar
   - c ☐ rezar

3. ¿Qué significa "costado" en el texto?
   - a ☐ el precio
   - b ☐ el lado
   - c ☐ la costilla

4. ¿Qué significa "calambre" en el texto?
   - a ☐ Que ha sentido un pinchazo.
   - b ☐ Que la empuñadura es de alambre.
   - c ☐ Que ha sentido la sensación de corriente.

5. ¿Qué significa "bingo" en el texto?
   - a ☐ Que Javier ha ganado lo que esperaba ganar.
   - b ☐ Que ha acertado con hacer lo que ha hecho.
   - c ☐ Lo usa para llamar la atención.

4 En tu cuaderno, pon en orden los siguientes elementos para formar frases, y luego ordena las oraciones según su aparición en el texto.

- a ☐ solo / Cuando / quedo / tranquilizarme / me / logro
- b ☐ Salgo / y / al pasillo / corro / alcanzar / para / escalera / la / principal
- c ☐ una / Es / de / especie / puerta / a / pero / nivel / del muro
- d ☐ pasa / Tengo / descubrir / que / qué
- e ☐ corazón / late / me / El / a mil / hora / por

ACTIVIDADES

Gramática
La descripción (*ser* o *estar* + adjetivo)

Se usa el verbo **ser** cuando el adjetivo expresa una característica que pertenece al sujeto de forma intrínseca.
Ej. *Yo pienso que Marta **es** guapa.*

En cambio, se usa el verbo **estar** cuando el adjetivo expresa una característica que no pertenece al sujeto, sino que depende de las circunstancias.
Ej. *Hoy Marta **está** muy guapa con ese vestido.*

5 Completa el texto con el verbo *ser* o el verbo *estar* conjugados correctamente.

Merche (**1**) .... el diminutivo de Mercedes, que (**2**) .... el nombre castellano de Merçé, en catalán. Significa "gracias". Como iba diciendo, (**3**) .... fantástica. Pero además (**4**) .... siempre dispuesta a ayudar a los demás. (**5**) .... tímida, pero no se calla cuando tiene que decir cosas importantes. (**6**) .... una chica elegante. El último día que la vi (**7**) .... guapísima con su uniforme siempre blanco inmaculado.

Expresión oral

6 DELE Observa la siguiente imagen y luego habla de ella durante 3/5 minutos. Ten en cuenta las preguntas de la guía:

- ¿Quiénes son?
- Describe el lugar.
- ¿De qué están hablando?
- ¿Qué dice el mayor?
- ¿Qué le responderán los demás?

7 DELE Habla durante 3/5 minutos de una experiencia personal en la que te ha pasado algo extraño o misterioso. Explica:

- la razón;
- cómo te sentías;
- qué pensabas;
- cómo ha terminado.

ACTIVIDADES

Antes de leer

1 Asocia las siguientes palabras con las parejas de fotografías, que te ayudarán a descubrir de qué estamos hablando.

a saga   b ropa   c carrera

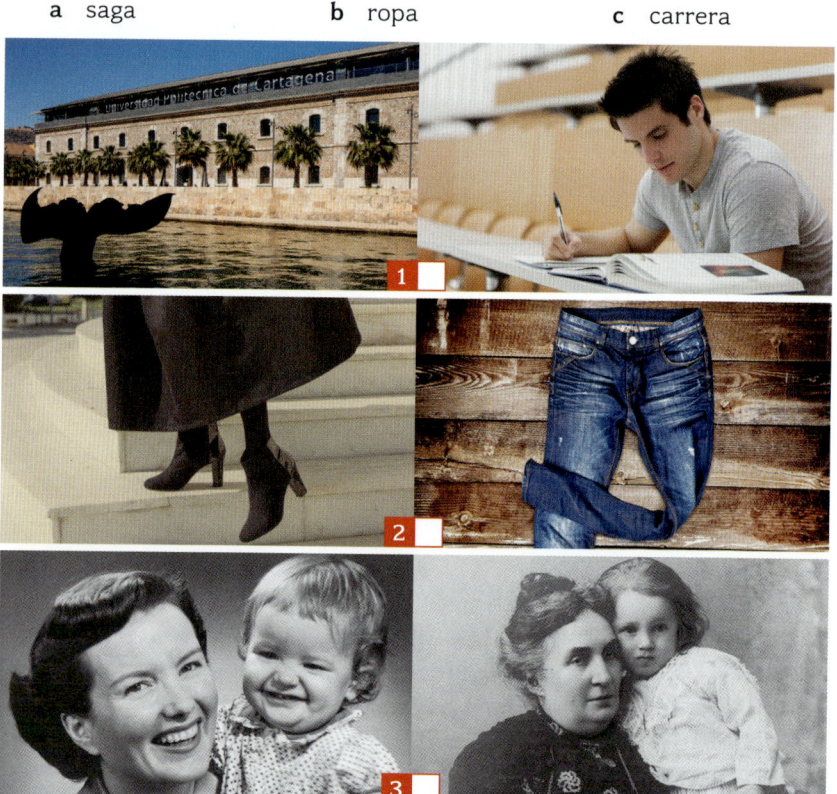

2 Ahora asocia las palabras del ejercicio anterior con su definición correspondiente.

1. ☐ Conjunto de prendas de vestir.
2. ☐ Relato novelesco que abarca las aventuras de dos o más generaciones de una familia.
3. ☐ Conjunto de estudios que habilitan para el ejercicio de una profesión.

CAPÍTULO **5**

La señora de la foto

La última vez que estuve aquí, durante la conversación con el inspector Carrascón, no me había fijado en todas esas fotografías de la pared del despacho.

Me levanto, porque tengo curiosidad de ver aquellas imágenes en blanco y negro; parecen muy antiguas. Son las típicas fotos de grupo escolar, y recuerdo entonces que aquella era una antigua escuela de niñas. Estas fotos deben tener un siglo, pero están muy bien conservadas. Van cambiando los personajes, pero la foto es la misma: foto de grupo de niñas dispuestas en tres filas, vestidas igual, y con ellas algunos adultos cuya profesión se reconoce por el uniforme: las maestras, el bedel y...

¡No puede ser! ¡Es ella! ¡La chica de la cocina de segundo! ¡Era la cocinera de la escuela de niñas! ¡Pero la foto es de 1935 y yo la vi

49

CAPÍTULO 5

ayer igual de joven que la veo en esta foto! Un escalofrío[1] recorre todo mi cuerpo. Oigo abrirse la puerta del despacho y entra la profe, que se da cuenta de mi descubrimiento.

—Tranquilo, Javier —me dice.

—¿Tranquilo? —respondo yo—. ¿Cómo voy a estar tranquilo si acabo de reconocer en esta foto...?

Me interrumpo porque con la mirada me quiere comunicar que ya sabe lo que estoy por decirle. Así que le suelto:

—¡Usted lo sabe ya! ¡Usted sabe que yo he visto a esta muchacha y he hablado con ella! ¿Usted también la ha visto? ¿Ha hablado con ella? El otro día, cuando me echó de la cocina de segundo y se quedó hablando con alguien... Yo la vi desde la calle por la ventana pero no logré...

—¿Te quedaste espiándome? —se sorprende ella.

—¿Qué está pasando aquí? —la interrumpo—. ¿Cómo puede ser que esta chica joven de la foto sea la que prepara un guiso en la cocina mientras charla[2] conmigo? Ahora me explico su ropa extraña. Iba vestida como en la foto, con ese delantal largo y esos manguitos blancos: era, es, ya no sé lo que me digo, ¡era la cocinera de la escuela de niñas! Por eso me dijo que llevaba aquí mucho tiempo. ¡No entiendo nada! ¿Qué es todo esto? Porque usted lo sabe, ¿verdad? Usted sabe lo que está pasando y sabe que no me estoy volviendo loco. Eso era lo que quería decirme el otro día, antes de entrar el inspector Carrascón en su despacho...

—Sí, Javier, la mujer joven de esa foto es mi abuela —me dice.

—Pero, ¡cómo va a ser su abuela! —rebato.

—Sí, y si sigues mirando las fotos, verás como en esta otra tiene

1. **escalofrío**: sensación semejante al frío producida por una emoción intensa, especialmente de terror.
2. **charlar**: conversar, platicar.

50

CAPÍTULO 5

a su lado a una niña de diez años vestida como ella. Es mi madre. Mi madre la remplazó cuando...

—¿Cuándo qué? —insisto.

—Cuando tuvo edad para hacerlo. Si te fijas en las siguientes fotos, mi abuela ya no está, y la que aparece vestida de cocinera es mi madre que va haciéndose mayor.

—¿Dónde estaba entonces su abuela? —le pregunto.

—No lo sé. Mi madre no lo supo nunca, desapareció en 1939 —me dice.

—Sí que lo sabe, está ahí arriba con Merche.

Digo esto mientras tengo la esperanza de que la profesora Montoliu me responda que no tiene sentido lo que digo, pero en realidad ella me mira y calla.

—Necesito una explicación, profe —mi voz suena a súplica y ella empieza a explicarme.

—Mi madre fundó la escuela de cocina en 1975, cuando el internado para niñas llevaba unos diez años cerrado. Yo era una joven de veinte años que soñaba con ser actriz, y mi madre no hizo nada para impedírmelo. Entendió que con ella se interrumpía la saga de las cocineras de su familia, me pagó los estudios de teatro en Barcelona y luego en Londres. Conseguí tener cierto éxito, pero cuando mi madre se enfermó, me di cuenta de que tenía que volver y ayudarla en su proyecto. Quería hacerlo por ella y por mi abuela.

—Otra vez su abuela. Profesora, está consiguiendo que me muera de miedo. ¿Qué le pasó a su abuela? —le grito.

—No te enfades, Javier. Yo no sabía nada. Yo nunca la conocí y mi madre me explicó que había desaparecido en 1939, unos años después de esa foto en la que las ves a las dos: a mi madre y a ella. Todos pensaron que había abandonado a mi madre jovencita y a su marido, mi abuelo.

La señora de la foto

—¿O sea que usted está convencida de que el fantasma de su abuela está dando vueltas por la escuela y ha matado a Merche para tener una compañera con la que hablar de cocina?

—No bromees, Javier —se enfada ella—, tú crees que estoy loca, pero te juro que he visto a mi abuela paseando por la escuela. Bueno, no me dice nunca nada, pero la encuentro en la cocina de segundo cuando ya no queda nadie en la escuela, ¡tú mismo la has visto y has hablado con ella!

—Sí, profe —respondo—, y por eso puedo decirle que no era un fantasma.

—¿Cómo no va a ser un fantasma? —me grita—. ¿No has visto las fotos de mi despacho? Te digo que es ella.

—Y ahora Merche, el fantasma de Merche, ¿está con ella? ¿Por eso las he oído hablar a las dos en la buhardilla? —reflexiono en voz alta.

—¿Las has oído? —me pregunta ella.

—Sí, he encontrado una puerta en la despensa de la cocina de segundo y...

—¿Cómo, una puerta? ¿Qué dices, Javier? —pregunta ella.

—¡Ah! ¿Usted no lo sabía? —le pregunto.

—¡No! —me responde segura.

—Pues la hay. La he logrado abrir y me he encontrado con una escalera de caracol que sube hasta el tejado, y cuando la he subido las he oído. Eran las voces de las dos, profe, estoy seguro.

—Lo ves. Es culpa mía, Javier —me dice desesperada—. Yo tenía que seguir la carrera de cocinera para evitar todo esto. El espíritu de mi abuela quiere castigarme y se ha llevado a Merche, la mejor de todos.

—Pero, piénselo bien profe —le digo yo para consolarla—. Usted ha regresado y se ha hecho cargo como directora de la escuela. ¡Su abuela no tiene por qué estar enfadada con usted!

Después de leer

Comprensión lectora

1 **Contesta a las siguientes preguntas.**

1. ¿Qué descubre Javier en las fotos de la pared del despacho de la profesora Montoliu?
2. ¿Qué significa para Javier la mirada de la profesora Montoliu cuando entra en su despacho?
3. ¿Cuál es la teoría de la profesora Montoliu acerca de su abuela y Merche?
4. ¿Sabía dónde estaban escondidos "los dos fantasmas" la profesora Montoliu? Razona tu respuesta.
5. ¿Piensas que Javier cree en las teorías de la profesora Montoliu? Razona tu respuesta.

Comprensión auditiva

 2 **Escucha este breve texto en el que la profesora Montoliu habla del antiguo internado y de la desaparición de su abuela y complétalo con las palabras que faltan.**

Mi madre recuerda aquel lugar con (**1**) .... Al principio era una más de las niñas, pero poco a poco pasaba más tiempo (**2**) .... en la cocina a su madre, mi abuela, que jugando en el (**3**) .... con las demás. Aprendió el (**4**) ...., que se convirtió en una vocación, un (**5**) .... por la comida. Fueron tiempos felices, según me contaba. Pero aquel día de finales de enero de 1939, cuando la Guerra estaba a punto de terminar, su madre salió de casa muy (**6**) .... con dos (**7**) .... cargados de comida. En el internado no les faltaba comida, a pesar de los malos tiempos, gracias a las familias burguesas de las niñas. Mi abuelo sabía que mi abuela tenía entre sus amigos a republicanos que, estando los nacionales a punto de entrar a tomar Barcelona, tenían que (**8**) .... hacia Francia. Ella quiso ayudarles llevándoles comida. Probablemente algún franquista la sorprendió en su intento, porque nunca más regresó a casa.

Léxico

3 Encuentra en el texto un sinónimo de las siguientes palabras.

1. caminando ....
2. girando ....
3. aliviarle la pena ....
4. ha vuelto ....
5. ruego ....
6. chica ....
7. oficina ....

4 Incluye los siguientes modismos y verbos en las frases. Ten en cuenta que tienes que conjugarlos correctamente.

desaparecer	estar enfadada	volverse loco
morirse de miedo	reemplazar	enfermarse

1. Cuando la profesora ha empezado a hablar de su abuela, Javier estaba ....
2. La madre de la profesora .... y ella decidió regresar a Barcelona.
3. Javier cree que la abuela de la profesora no .... con ella.
4. No estoy seguro de si no me estoy .... o no después de todos estos misterios.
5. La profesora piensa que su abuela quiere .... a su nieta con Merche.
6. Las personas no pueden aparecer y .... de esta manera.

5 Completa las siguientes frases con las palabras del cuadro.

fantasmas	paranormal	espíritus	magia

1. Para los niños creer en la .... es una cosa maravillosa.
2. Lo .... ha sido la especialidad de muchas personas que solo querían aprovecharse de los demás.
3. Nunca he creído en los .... que se presentan con sábana blanca para asustar a la gente.
4. Me han dicho que esa casa está llena de .... de muertos.

Gramática

El imperativo positivo

El imperativo positivo tiene forma propia solo en las segundas personas (tú y vosotros). La forma regular del **tú** coincide con la tercera persona singular del presente de indicativo, o sea se añade a la raíz del verbo la desinencia *-a* para la primera conjugación y *-e* para la segunda y tercera. Los verbos que diptongan en el presente de indicativo, mantienen el cambio en el imperativo.

| cantar | → | (tú) **canta** | vivir | → | (tú) **vive** |
| comer | → | (tú) **come** | contar | → | (tú) **cuenta** |

Hay verbos que se conjugan de manera irregular en la segunda persona singular, y algunos son:

hacer	→	**haz**	decir	→	**di**
poner	→	**pon**	tener	→	**ten**
salir	→	**sal**	venir	→	**ven**

En **vosotros**, el imperativo positivo se forma eliminando la *-r* del infinitivo del verbo y añadiendo una *-d*. No hay verbos irregulares.

| cantar | → | **cantad** | vivir | → | **vivid** |
| comer | → | **comed** | | | |

El imperativo se usa para exigir o pedir algo; en el segundo caso se suele acompañar de la forma "por favor".

Ej. **Abre** *la ventana, por favor.*

Hablad *en voz baja.*

6 Transforma las siguientes frases en imperativo.

1. Cuando llegáis al comedor ponéis las mesas para la comida.
2. Tú cocinas siempre lo que te dice tu profesor.
3. Escribes en la pizarra el menú de hoy.
4. Esperáis a la dos para servir la comida.
5. Llegáis al despacho y controláis cuántos invitados tenemos hoy.

ACTIVIDADES

7 Encuentra en la sopa de letras los imperativos. Todos proceden de verbos que están en el capítulo 5.

E	N	T	E	N	D	E	D	K	A
L	Ñ	Y	T	V	A	E	E	B	A
C	F	X	M	I	O	S	I	R	Q
A	B	R	I	D	U	A	A	O	G
T	U	O	R	R	R	P	N	M	W
D	B	P	A	Z	E	E	N	E	U
I	N	O	D	R	I	T	V	A	I
C	A	R	P	V	L	E	E	D	O
E	X	P	L	I	C	A	N	I	L
D	L	R	E	S	P	O	N	D	E

8 Completa el texto con uno de los verbos del cuadro conjugado en imperativo.

> colocar   hacer   limpiar   poner   llevar

Jaime, cuando preparas la mesa (**1**) .... el cuchillo a la derecha y el tenedor a la izquierda. (**2**) .... con una servilleta cada una de las copas que vais a ir poniendo a los comensales y (**3**) .... las sillas perfectamente frente al plato. Tú, Pilar (**4**) .... una lista de todos los detalles que faltan y (**5**) .... a la cocina para que el maitre la consulte.

Expresión escrita

9 Escribe una entrada de blog de cocina (30-50 palabras) con una receta que tiene que contener obligatoriamente los siguientes ingredientes:

- tomates
- pasta
- cebolla
- atún
- huevo

10 Escribe un mail a un(a) amigo/a que tiene que venir a visitarte a tu ciudad. Escríbele en imperativo qué es lo que tiene que poner en su maleta y explícale como se va desde la estación hasta tu casa. (70-80 palabras)

El modernismo: el arte
del detalle

El modernismo fue esa corriente artística que indicaba **renovación**. Ser modernista era saber crear un arte nuevo, moderno, como bien dice la palabra. En Francia lo llamaban *art nouveau* y en Italia *liberty* o *floreale*. La revolución industrial incorporaba novedades como el hierro y el cristal y estas, junto a la inspiración de la naturaleza, entraron a formar parte de esta nueva estética.

Además, existía de fondo una idea de socializar el arte que también era nueva: los objetos cotidianos debían tener un valor estético accesible a toda la población. Por este motivo, esta estética se convirtió en un arte que lograba que **los artículos cotidianos se convirtieran en arte**. Fue así como las tiendas, bares y restaurantes y en general los interiores de los edificios fueron tratados con el mismo respeto decorativo que las grandes casas de la burguesía.

En España, el Modernismo encontró espacio en Cataluña y

La Casa Amatller, de Josep Puig i Cadafalch.

en concreto en Barcelona. La mayor parte del paisaje urbano de esta ciudad es un museo arquitectónico al aire libre, sobre todo en la zona del *Eixample*, en castellano Ensanche. A finales del siglo XIX, la industrialización generaba prosperidad entre la burguesía barcelonesa, que veía en tener una casa al estilo modernista un signo de estatus social.

¿Quién no conoce o ha oído hablar alguna vez de **la Pedrera**, de la **Casa Batlló**, de la **Casa de los Pinchos** o de la **Sagrada Familia**? Quien más o quien menos conoce a arquitectos como **Antoni Gaudí**, o a **Josep Puig i Cadafalch**, o a **Lluís Domènech i Montaner**, entre otros. Pero es que en Barcelona el tesoro modernista está en cada esquina. Son muchas las casas en las que los turistas no se fijan porque no son museos, sino solo oficinas o viviendas.

Un detalle del Palau de la Música Catalana.

La Casa Fajol.

La **Casa Planells**, construida en 1924 por Josep Maria Jujol, es una de esas casas desconocidas, como también la **Casa Pomar**, del arquitecto Joan Rubió i Bellver, erigida en 1906; o la **Casa Fajol**, llamada Casa de la Mariposa por la escultura que corona el edificio en forma de este insecto. La casa fue construida por **Josep Graner i Prat** en 1912, utilizando la técnica del *trencadís*, un tipo de aplicación ornamental del mosaico a partir de fragmentos cerámicos unidos con argamasa. Cerca del Arco del Triunfo se encuentra el **Edificio de la Hidroeléctrica** (1896-1899), construcción modernista de la antigua Central Catalana de Electricidad, obra de Pere Falqués i Urpí, que puede ser visitada algunos días en horas de oficina.

Además de los edificios, hubo también hasta ochocientos locales decorados a la madera modernista. De ellos apenas quedan unos cuantos que ahora son bares o restaurantes en los que se pueden admirar sus vidrieras, sus mesas y sillas ondulantes y sinuosas, las puertas de hierro forjado, la barra de mármol, las lámparas de cristal...

Ejemplos de los mismos son: la **Casa Calvet**, un restaurante que en su día fue comercio textil; el **London Bar**, una antigua taberna frecuentada por Picasso, Dalí y Hemingway; o el mismo **Café de l'Òpera**, conocido con el nombre de "La Mallorquina", desde antiguo uno de los cafés restaurantes más elegantes de la ciudad.

Comprensión lectora

1 Responde a las siguientes preguntas.

1. ¿Qué es el modernismo y en qué lugar se desarrolló mayormente en España?
2. En Barcelona hay un barrio en el que se concentra buena parte del modernismo. ¿Cuál es?
3. Cita algún ejemplo de edificio modernista de esos menos conocidos.
4. ¿Qué significa socializar el arte?
5. ¿Cuáles son los detalles que se pueden observar en los locales de decoración modernista de Barcelona?

2 Relaciona las siguientes características del modernismo con su foto correspondiente.

a   b   c   d

1. Elementos vegetales de formas redondeadas, entrelazados (enredaderas, hojas, etc.).
2. Líneas curvas, estilización.
3. Nuevos materiales: hierro forjado (incluso en arcos) y otros materiales olvidados como el ladrillo o el azulejo árabe.
4. Nuevas técnicas: el *trencadís*.

Antes de leer

1 Relaciona las siguientes palabras con las imágenes.

a   entierro
b   fantasma
c   barandilla
d   clientela

2 Ahora relaciona las palabras del ejercicio anterior con su definición correspondiente.

1   ☐   Conjunto de los clientes de una persona o de un establecimiento.
2   ☐   Antepecho de hierro que se utiliza para los balcones y terrazas.
3   ☐   Sepultura del cuerpo de un difunto.
4   ☐   Imagen de una persona muerta que se aparece a los vivos.

CAPÍTULO **6**

Fantasmas

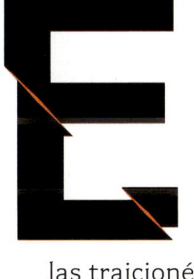

Esta historia se complica cada vez más. No sé qué decirle a la profesora Montoliu para tranquilizarla.

—Javier —me dice ella—, eres muy buen chico y sé que quieres ayudarme. Llevo años pensando que las traicioné.[1] La profe Castejón...

—¿La profe Castejón? ¿Qué tiene que ver ella en todo esto? —le pregunto—. ¿Es que ella sabe lo del fantasma de su abuela?

—No, yo no se lo he dicho a nadie, pero cuando llegó a trabajar con nosotros se dio cuenta de que me sentía culpable por mis elecciones pasadas y ha intentado siempre consolarme —me dice.

---

1. **traicionar**: romper la confianza de alguien; abandonarlo.

CAPÍTULO 6

—Yo no me fío mucho de la profe Castejón —le suelto— a mí esa mujer me parece muy falsa.

—No es verdad, Javier —me rebate—. No es mala persona, solo un poco exigente.

—¿Y ahora qué hacemos? ¿Los dos vamos a vivir sabiendo que tenemos dos fantasmas en la escuela? —pregunto.

—Sí —me dice ella, muy segura.

—Por favor, profe —le digo yo—, entiendo su sentimiento de culpa y respeto sus creencias en espíritus que vagan intentando resolver cuestiones que han dejado pendientes en vida. Pero yo no creo en esas cosas.

—Pero es que ellas nos necesitan —me dice.

Cuando la profe acaba de decir esta frase, notamos que la puerta del despacho está abierta y el inspector Carrascón nos está mirando.

—¿De qué están hablando? ¿De fantasmas otra vez? —nos pregunta.

La profesora y yo nos sentimos descubiertos. No podemos decir nada. ¿Quién nos iba a creer? Pero si ni yo mismo me lo creo.

—Buenos días inspector, ¿usted por aquí? —saluda la profe—. ¿No estaba todo aclarado?

—¿El qué? —le pregunta él—. Nunca he dicho que hemos dejado de investigar. ¿Podría hablar con usted en privado unos momentos?

—Por supuesto —le responde ella. Y dirigiéndose a mí— Javier, ¿nos puedes dejar solos?

Mientras salgo del despacho escucho que el policía le pregunta:

—¿Qué se traen entre manos [2] usted y ese chico?

---

2. **traerse algo entre manos**: ocultar lo que se está maquinando.

CAPÍTULO 6

Pero me voy y les dejo solos.

La verdad es que es extraño que la Policía siga investigando. Todos sabemos que la Castejón declaró haber visto caer a Merche al vacío. La Castejón, ¡qué mujer tan rara! Los compañeros me habían dicho que, el día después del accidente, ella estaba tan tranquila, como si nada. Yo no digo que debía estar como yo: estaba tan destruido que no quise ni asistir al entierro ni llamar a la madre de Merche. Pero me consoló pensar que tampoco ella, la madre de Merche, había intentado ponerse en contacto conmigo.

Decido irme a casa porque no puedo más, pero cuando estoy saliendo me encuentro con el inspector de Policía que me estaba buscando.

—¡Eh, muchacho! ¿A dónde vas tan deprisa? Parece que has visto un fantasma —me dice.

¿Por qué narices [3] todos siguen repitiéndome lo mismo? El hombre nota mi fastidio y se disculpa.

—Perdona, hombre, no quiero molestarte, pero supongo que tú no te creerás las tonterías que me acaba de contar la directora sobre su abuela y su espíritu —añade.

—¿La profe se lo ha contado? —reacciono sorprendido.

—No te preocupes, hombre, que no estoy pensando que está loca. Pero necesito tu ayuda, muchacho, y para ello ya es hora de contarte algunas cosas —me dice—. Mira, chico, al parecer, cuando el cuerpo de tu amiga llegó al tanatorio sin vida llamamos a sus padres para la identificación. Así que llegó la madre, y cuando vio el cadáver se quedó muda, pálida, pero según nos contó el médico forense, no se puso a llorar viendo a su hija muerta. Dijo que era su hija y nada más. En ese momento supusimos que había algo raro

---

3. ¿por qué narices? : expresión de enfado.

Fantasmas

en todo aquello y decidimos investigar y decir que sospechábamos un asesinato, para ver como reaccionaba la gente.

—¿Qué gente? No entiendo nada. ¿Merche se cayó o la tiraron por la barandilla de la terraza? —insisto.

—Vamos a dejar por un momento eso y vamos a hablar de la familia de Merche, si te parece —me dice.

—Pues no, no me parece. ¿Por qué no responde a mi pregunta? ¿Qué tiene que ver la familia de Merche en este asunto? —le pregunto.

—Pues puede que más de lo que tú supones —me aclara—. Sé que la madre de Merche es una cocinera muy importante en la región del Empurdà, que tiene una cierta fama y que conoce a gente importante. ¿Tú me puedes confirmar esto?

—Sí, claro. Pero, ¿qué tiene que ver todo eso con la muerte de Merche? ¿No estará insinuando que por envidia a la madre de Merche alguien ha asesinado a su hija? —le digo asustado.

—¿Tú sabes que la profesora Castejón tiene intenciones de publicar un prestigioso libro de recetas con una famosa editorial de Barcelona? —me sigue contando.

—No. ¡¿Otra vez la Castejón en el medio?! —exclamo—. Pues nada, me alegro por ella —digo irónicamente—, aunque estoy seguro de que esa mujer no puede escribir nada prestigioso.

—Será por eso que lo va a escribir con la colaboración del profesor Escueto y de ese alumno tan presumido con ansias de protagonismo —añade.

—¿Jaime? —pregunto sorprendido—. ¿Y el profesor Escueto con la Castejón para escribir un libro de recetas? No me lo puedo creer —le digo aún más sorprendido.

—Pues es la verdad. ¿Qué sabes del profesor Escueto? —me pregunta.

67

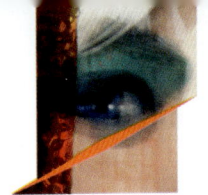

CAPÍTULO 6

—Es un buen hombre que ha tenido mala suerte. Le pone mucha pasión a la cocina, a diferencia de la Castejón que no sabe nada más que la técnica.

—Ya, pero ella tiene un restaurante prestigioso y el profesor Escueto no —me dice.

—No, ya le decía que el hombre tuvo mala suerte. Según me han contado, le fue mal con el restaurante que había abierto por cuestiones de gestión económica —le explico.

—No exactamente, Javier. La verdad es que el profesor Escueto tenía un restaurante en un pueblo de la zona del Empurdà. Él pensó que una persona con su preparación profesional podría competir con el éxito de la madre de Merche, pero no fue así y tuvo que cerrar por falta de clientela. Desde entonces la odia.

—¿El profesor Escueto odia a la madre de Merche? —no me lo puedo creer—. ¿Y eso qué tiene que ver con la Castejón?

—Pues que ninguno de los dos, ni el alumno presumido, tiene capacidad para escribir un libro de cocina innovador. ¿O me equivoco? —me pregunta.

—Para nada —le digo—. Está usted en lo cierto, ¿se trata pues de celos[4] entre cocineros? —pregunto.

—Sí, algo así, pero no solo —me responde—, se trata también de dinero.

—No entiendo. ¿Qué dinero? —pregunto.

—Pues el que van a ganar con el famoso libro de recetas esos dos —me responde—. Ya te he dicho que esos dos no pueden realizar ningún proyecto ambicioso como ese.

—Pues no, porque una no sabe y el otro, mi profe Escueto, es un amante de la tradición.

---

4. **celos**: sentimiento de envidia o disgusto causado por el mayor éxito o suerte de otra persona.

Fantasmas

—Exacto, Javier —dice Carrascón.

—¿Qué? No entiendo nada —le pregunto desconcertado.

—La profesora Montoliu me ha dicho que tú me puedes confirmar su teoría de los fantasmas, porque has oído al fantasma de su abuela hablar con el fantasma de Merche.

—Ya sé que puede parecer una tontería, pero la manera en la que Merche me decía "¿Qué desastre!" con el tono "a la Nemo"... bueno, no sé si usted ha visto la peli...

—No importa. Sigue —me pide.

—...era un tono muy gracioso y único, y por eso el otro día, cuando llegué al final de las escaleras y oí la voz de la chica misteriosa y luego la voz de Merche diciendo eso...

—¿Qué chica misteriosa? ¿Te refieres a la "abuela fantasma" de la que me ha hablado la profe Montoliu, la chica que ha cocinado para ti?

—Sí, además he visto desde la calle de enfrente que, si se llama por la mañana temprano cuando todavía no está el bedel, alguien aparta las cortinas de las ventanas de la buhardilla, y ese alguien es Merche. O me lo ha parecido —le digo confuso.

—Todo encaja,[5] Javier. Háblame de esas escaleras —me dice.

—Mejor se las enseño. Vamos.

---

5. **encajar**: coincidir.

Después de leer

Comprensión lectora

1 Elige la respuesta correcta.

1. Cuando entra Carrascón al despacho…
   - a ☐ Javier sale enseguida y le deja solo con la profesora.
   - b ☐ Javier y la profesora están hablando de Carrascón.
   - c ☐ Javier y la profesora no le notan enseguida.

2. Cuando el inspector para a Javier para hablar con él…
   - a ☐ él se sorprende porque habla de fantasmas.
   - b ☐ el inspector se enfada con él.
   - c ☐ Javier se enfada con él.

3. Carrascón le habla a Javier de…
   - a ☐ el odio de la madre de Merche hacia Escueto.
   - b ☐ la alianza entre Escueto y Castejón.
   - c ☐ la amistad entre la profe Castejón y la madre de Merche.

4. La madre de Merche…
   - a ☐ lloró muy poco al ver a su hija.
   - b ☐ no reconoció a su hija muerta.
   - c ☐ se comportó de manera extraña en el tanatorio.

5. El libro de cocina que van a escribir los cocineros…
   - a ☐ es sobre cocina innovadora.
   - b ☐ es sobre la cocina del Empurdà.
   - c ☐ lo hacen ellos solos.

6. Javier está seguro de que ha oído…
   - a ☐ que Merche lloraba en la buhardilla.
   - b ☐ que Merche repetía la frase de un personaje de una película.
   - c ☐ a una mujer hablar detrás de la puerta.

7. Javier acompaña al inspector…
   - a ☐ a atrapar a los culpables.
   - b ☐ al tejado.
   - c ☐ a la puerta secreta de la despensa de segundo.

ACTIVIDADES

Léxico

2 Empareja las siguientes frases extraídas del texto con las frases relacionadas.

1. ☐ Sabemos que declaró haberla visto caer al vacío.
2. ☐ ¿A dónde vas tan deprisa? Parece que has visto un fantasma.
3. ☐ Supongo que tú no creerás las tonterías que me acaba de contar.
4. ☐ ¿Se cayó o la tiraron por la barandilla de la terraza?
5. ☐ ¿Qué tiene que ver la familia en este asunto?

a Creo que no piensas que son reales las estupideces que dice.
b Es cierto que afirmó ver que ella precipitaba desde lo alto.
c ¿Piensa que sus parientes están relacionados con esta historia?
d ¿A dónde vas corriendo? ¿Te persigue alguien?
e ¿La empujaron por la balaustra o fue un accidente?

3 Teniendo en cuenta que "fiarse o no fiarse de alguien" significa «poner o no querer poner al cuidado de alguien algún negocio, el dinero, un secreto u otra cosa porque estamos seguros o no estamos seguros de su buena fe», y que "ser un presumido" significa «tener un alto concepto de sí mismo» o «cuidarse y arreglarse mucho», relaciona las palabras del cuadro con cada una de las columnas creando dos campos semánticos.

| estirado | confiado | arrogante | desconfiado |
| cursi | esperar | suponer | vanidoso |

fiarse	presumido

ACTIVIDADES

Gramática

El verbo *gustar*

(A mí) (A ti) (A él/ella, usted) (A nosotros/as) (A vosotros/as) (A ellos/as, ustedes)	me te le nos os les	gusta	+ verbo en infinitivo + sustantivo singular

Ej. *A nosotros **nos gusta jugar** al fútbol.*
   *A mi hermano **le gusta la música**.*

(A mí) (A ti) (A él/ella, usted) (A nosotros/as) (A vosotros/as) (A ellos/as, ustedes)	me te le nos os les	gustan	+sustantivo plural

Ej. *A María **le gustan los dulces**.*
   *A mí **no me gustan las películas** del oeste.*

Otros verbos que funcionan como *gustar* son: **encantar, interesar, doler, apetecer, molestar,** etc.

4 Completa las siguientes frases con los verbos del cuadro y los pronombres que faltan. Recuerda que los verbos están en infinitivo y los tienes que conjugar.

> encantar   doler   gustar (x2)   apetecer   interesar

1. Cuando terminamos las clases ………. ………………. probar todo lo que cocinamos.
2. A los profesores no ………. ………………. saber por qué no te has organizado bien el tiempo.
3. Sé que a ellos ………. ………………. poner chocolate en los platos salados.
4. Lo siento pero hoy no ………. ………………. jugar a policías y ladrones, estoy cansado de misterios.

ACTIVIDADES

5 Si a ti .... la cabeza, tómate una aspirina y deja de quejarte por favor.

6 A mí no .... los guisos fuertes con muchas especias, prefiero los sabores naturales.

Expresión escrita

5 Escribe un mail a un(a) amigo/a explicándole cuáles son tus gustos en cuestión de comidas. Interésate también por los suyos y háblale de los gustos de otros amigos que tienes. (70-80 palabras)

EL RINCÓN DE LA CULTURA

LOS HORARIOS ESPAÑOLES

Los españoles comen tarde y cenan tarde. Esta es una de sus costumbres más conocidas. Pero las cosas no han sido siempre así. Fue durante la dictadura franquista cuando, a causa del pluriempleo, las personas estuvieron obligadas a comer sobre las dos y media o tres, para aguantar tanto trabajo desde la tarde hasta la noche. De esta manera, actualmente se desayuna ligero y rápido para salir corriendo de casa: café con leche o cacao, un cruasán, galletas o madalenas. A mitad de la mañana (hasta las 11.30 o 12) se pica algo (hay quien lo llama almuerzo) y nada más hasta la comida fuerte de las 14.30 o 15.00 (o incluso 15.30), cuando se come un primero fuerte, un segundo y un postre. La cena suele ser ligera, pero no antes de las 21 o 22. Sin embargo, todo esto parece estar cambiando y ahora, o por la europeización o por la crisis, se empieza a volver a preferir la comida de mediodía a las 13.00. Lo que no cambia es que todos los días en las casas españolas se come un primer plato diferente al del día anterior, ¡es impensable comer dos días seguidos pasta o arroz!

Ahora contesta a las preguntas.

1 ¿Por qué comen y cenan tan tarde los españoles?
2 ¿En qué consiste el desayuno español?
3 ¿Y la comida de mediodía?
4 ¿Qué se está observando en los últimos tiempos?

73

ACTIVIDADES

Antes de leer

1 Relaciona las siguientes palabras con las imágenes.

a par
b móvil
c detenido
d radiador

1

2

3

4

2 Completa con tres de las palabras anteriores la siguiente frase.

Cuando lo llevaron (**1**) .... le quitaron el (**2**) .... y los cordones del (**3**) .... de botas que llevaba.

3 Observa atentamente la ilustración de la página 77 y contesta las preguntas.

1 ¿Quiénes son los personajes que aparecen en la imagen?
2 ¿Qué están haciendo los dos hombres que aparecen de espaldas?
3 ¿Quién es la chica tumbada?

CAPÍTULO **7**

Los hemos pillado

alimos los dos y nos dirigimos hacia la cocina de segundo. Cuando llegamos allí, nos encontramos a la profesora Castejón con el profesor Escueto y Jaime que se sorprenden viendo que llego con el inspector. Intentan disimular la sorpresa, pero en ese momento el inspector saca dos pares de esposas [1] y los esposa entre ellos y luego al radiador:

—¡Aquí quietecitos!

Yo me quedo congelado. ¿Qué significa? Después saca su teléfono móvil y llama a su compañero, que se había quedado en la entrada con el bedel.

—Martínez, acércate a la cocina número dos que tengo a tres detenidos esposados.

1. **esposas**: pareja de manillas unidas entre sí con las que se aprisionan las muñecas de alguien.

CAPÍTULO 7

¿Tres detenidos? ¿Qué significa? Y luego dirigiéndose a mí:

—Abre camino, chaval, que te sigo —me dice.

Le obedezco. Abro la puerta, subimos la escalera de caracol y, cuando llegamos arriba, le digo que no he conseguido abrir aquella puerta. Me dice: "apártate chaval" y le da una patada tan fuerte que ni en las películas de con-fú. Al otro lado de la puerta tabique se oye un grito de mujer. El inspector sigue dando patadas hasta que la puerta se abre. Me ordena "¡quédate fuera!" mientras él entra. Yo por supuesto no le hago caso y le sigo. Entro y encuentro una habitación con dos ventanas que dan a la calle. Merche está tumbada en la cama, dormida. La mujer que ha gritado es mi "amiga misteriosa", "la abuela fantasma" de la Montoliu. El inspector la agarra por el brazo, porque ha visto que tiene intenciones de escapar por la ventana.

—¿A dónde vas, mujer? Me parece que nos tienes que explicar muchas cosas —ironiza Carrascón.

—¿Está muerta? —le pregunto a la mujer, pero no me responde.

—No, no te preocupes —puntualiza el inspector—, probablemente está solo drogada. No me equivoco, ¿verdad? —le pregunta a la mujer.

Ella responde moviendo la cabeza en signo afirmativo. Yo me acerco para asegurarme de que es verdad y puedo sentir los latidos de su corazón y su aliento[2] cuando acerco mis labios a su boca. No puedo evitar las lágrimas. La beso y ella abre por un instante los ojos y me sonríe, pero no se despierta. Oigo entonces como el inspector vuelve a usar el móvil:

—Sí, soy el inspector Carrascón. ¿Pueden enviar una ambulancia a la calle Muntaner a la escuela de cocina?

---

2. **aliento**: aire que se expulsa al respirar.

ACTIVIDADES

Después de leer

Comprensión lectora

1 Di si las siguientes afirmaciones son verdaderas (V) o falsas (F) y explica por qué.

	V	F
1 Cuando el inspector y Javier llegan a la cocina, el inspector ha entendido lo que ha pasado.		
2 El inspector ha llegado solo a la escuela para resolver el caso.		
3 Javier se sorprende de la fuerza del inspector cuando abre la puerta tabique.		
4 La "abuela fantasma" consigue escapar en cuanto entran los dos hombres.		
5 Javier piensa que Merche está muerta.		

Comprensión auditiva

2 ¿De quién habla Javier? Vuelve a escuchar el capítulo y relaciona cada una de las frases con el personaje al que se refiere Javier.

a Martínez
b Carrascón
c Jaime, Castejón y Escueto
d La chica fantasma

1 ☐ Intentan disimular la sorpresa, pero en ese momento el inspector saca dos pares de esposas.
2 ☐ Se había quedado en la entrada con el bedel.
3 ☐ Le da una patada tan fuerte a la puerta que ni en las películas de con-fú.
4 ☐ El inspector la agarra por el brazo, porque ha visto que tiene intenciones de escapar por la ventana.

Gramática
Verbos contrastivos *ir/venir* y *traer/llevar*

Los verbos contrastivos indican movimiento de una persona (*ir* y *venir*) y movimiento de una cosa (*llevar* y *traer*). Los verbos **venir** y **traer** indican un movimiento que se realiza desde fuera (*allí*), donde está el oyente hacia adentro (*aquí*), donde se encuentra el hablante.

Ej. ¿Puedes **venir** un momento, que te tengo que decir una cosa?
 ¿Puedes **traer** aquí el libro que está en la mesa de la cocina?

El verbo **venir** se utiliza también para señalar el movimiento que se realiza junto al hablante.

Ej. ¿**Vienes** al cine conmigo esta noche?

Al revés, el verbo **ir** y el verbo **llevar** se usan para señalar el movimiento de una persona u objeto que se realiza desde dentro (*aquí*), donde está el hablante, hacia fuera (*allí*), donde está el oyente.

Ej. Esta tarde **voy** a tu casa a visitarte. ¿Te apetece?
 ¿Puedes **llevar** el coche a arreglar, por favor?

El verbo **ir** se emplea también para señalar el movimiento que se realiza junto al oyente.

Ej. ¿Te apetece si **voy** contigo al cine?

3 Completa con los verbos *ir*, *venir*, *traer* o *llevar*.

1. Mira Javier, hoy es tarde y tengo que cerrar. Mañana ……………………… pronto a la escuela y así ……………………… el guiso que me habías prometido.
2. Jaime ¿……………………… a la cocina de tercero? ¿Me puedes ……………………… la batidora, ya que esta está rota?
3. Si hace sol, ¿mañana ……………………… con nosotros al mercado y así nos ayudas a ……………………… la compra a casa?
4. ……………………… estos platos a la cocina, yo me quedo aquí en el comedor.
5. Si ……………………… con ellos tendrás la posibilidad de aprender más que quedándote aquí.

ACTIVIDADES

Léxico

4 Elige la opción correcta.

1. ¿Qué significa que Jaime, Escueto y la profe Castejón intentan "disimular la sorpresa"?
   - a ☐ Que intentan imitar el comportamiento del policía.
   - b ☐ Que esconden una sorpresa para Javier.
   - c ☐ Que no quieren que se note que están sorprendidos.

2. ¿Qué significa en el contexto que Jaime "se queda congelado"?
   - a ☐ Que tiene miedo.
   - b ☐ Que está sorprendido.
   - c ☐ Que tiene mucho frio.

3. ¿Qué significa que el inspector le diga a Javier "abre camino"?
   - a ☐ Que le tiene que indicar el camino que tienen que hacer.
   - b ☐ Que Javier tiene que hacer espacio para poder pasar.
   - c ☐ Que Javier tiene que abrir la puerta.

4. ¿Qué significa en este contexto que Jaime diga "no le hago caso"?
   - a ☐ Que no le da importancia a lo que le dice el inspector.
   - b ☐ Que no le presta atención a lo que le dice el inspector.
   - c ☐ Que no le importa lo que le diga el inspector.

5. ¿Qué significa "agarrar a alguien por el brazo"?
   - a ☐ Hacerle daño en el brazo.
   - b ☐ Sujetar a alguien el brazo.
   - c ☐ Arañar a alguien en el brazo.

Expresión escrita y oral

5 **DELE** Escribe una breve conversación telefónica (30-50 palabras) entre tu amigo/a y tú. Uno de los dos está de vacaciones en un lugar extranjero y el otro le pide que le traiga cosas de ese lugar: recuerdos, cosas típicas... No pueden faltar:

- saludarse;
- preguntar y describir el lugar;
- preguntar y decir con quién está pasando las vacaciones;
- preguntar y decir hasta cuando va a estar ahí;
- pedir un recuerdo, algo típico y responder.

ACTIVIDADES

6 **DELE** Mañana es el cumpleaños de uno de tus mejores amigos y tú y otro amigo queréis hacerle una sorpresa preparando una fiesta. El problema es que no sabéis si hacerlo en casa o en un local para fiestas. Tu propuesta es hacerlo en casa y la de tu amigo en el local. Tenéis que llegar a un acuerdo, teniendo en cuenta las razones de cada uno.

tus razones	las razones de tu amigo
En casa es más íntimo	No hay que limpiar cuando terminamos
Es más económico	Nos lo preparan todo
Podemos preparar la comida nosotros	No molestamos a los vecinos
Podemos empezar y terminar a la hora que queremos	Es más elegante

EL RINCÓN DE LA CULTURA

LOS LOCALES DONDE COMER

En España no se come solo en los restaurantes. Son numerosos los locales en los que se sirven comidas, y no tienen ese nombre de origen francés sino nombres típicos españoles. Empezamos por las ventas, que son locales en los que se daba antiguamente alojamiento. Hoy en día, tienen un aire tradicional y en ellos se sirven comidas y bebidas. Luego están las tabernas, que son locales donde desde siempre se vende vino, y en algunos casos se sirven comidas. En su origen, estas eran para gente modesta, y hoy día son de diseño y para gente moderna.

Las tascas son como los locales anteriores pero más pequeñas. Por último tenemos las fondas, que siguen ofreciendo alojamiento y servicio de comedor, y aceptan también clientes que no se hospedan. Cabe destacar que, por tradición, en la fonda se come muy bien; eso sí, no hay que olvidar los bares: los hay de comidas, de tapas...

Ahora contesta a las preguntas.

1. ¿Cuál es el origen de la palabra restaurante?
2. ¿En las ventas actuales qué se hace?
3. ¿Cómo son las tabernas modernas?
4. ¿Qué es una fonda?

ACTIVIDADES

Antes de leer

1 Relaciona las siguientes palabras con las imágenes.

a somnolencia
b desmayarse
c juez
d termo
e taquilla
f novio

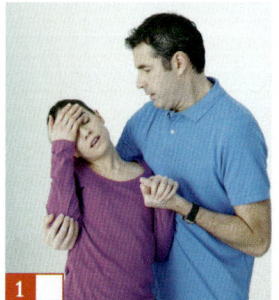 1
 2
 3
 4
 5
 6

2 Ahora relaciona las palabras del ejercicio anterior con sus definiciones.

1 ☐ Perder el sentido y el conocimiento.
2 ☐ Armario pequeño para guardar la ropa y los efectos personales en lugares como vestuarios, colegios, fábricas...
3 ☐ Persona que tiene autoridad para aplicar la ley.
4 ☐ Estar en un estado en que se tienen ganas de dormir.
5 ☐ Recipiente provisto de cierre hermético para conservar la temperatura de las sustancias que se ponen dentro.
6 ☐ Persona que mantiene una relación sentimental con otra.

CAPÍTULO **8**

Nunca más un día cualquiera

He llegado tarde como siempre. Entro en la escuela corriendo, saludo al señor Miguel, que me dice:

—Siempre igual, chaval, no aprenderás nunca. Corre, que te espera tu ángel de la guarda.¹

Se refiere a Merche que, como siempre, estoy seguro de que saldrá de la clase de segundo para ponerme en orden el delantal, el gorro y la filipina. Ha pasado un año, y nuestras vidas han recobrado la normalidad. Se resolvió el misterio que complicó aquellos días de infierno, en los que pensaba que había perdido

---

1. **ángel de la guarda** : ángel que Dios tiene señalado a cada persona para su guarda o custodia.

CAPÍTULO 8

para siempre a Merche. Todo por culpa de la ambición y la falta de escrúpulos.

La Castejón y Escueto se habían puesto de acuerdo para vengarse el uno de la madre de Merche, y para ganar dinero y popularidad la otra. Su plan era perfecto. Los dos habían seguido los movimientos de Merche y sabían que, después de bajar de su rincón de paraíso en el tejado, pasaba por su taquilla, cogía su termo lleno de café y se tomaba una buena taza. La profesora Castejón había drogado el café de Merche aquella mañana y, cuando Merche se desmayó, la escondió hasta que la escuela estuvo llena de gente y entonces, con la ayuda de Jaime y de Escueto, preparó la escena de la caída al patio de la chica. Nadie se acercó a Merche hasta que llegó la ambulancia. Todos estaban pagados para actuar en la escena de llevarse aquel cuerpo antes de la llegada de la policía. Aquello había sido lo que había alarmado al inspector Carrascón: la llegada de aquel "cadáver" al tanatorio sin declarar cómo había llegado. Porque cuando Carrascón entró en la escuela le dijeron que la ambulancia se había llevado el cuerpo.

—Pero ¿cómo? ¿Levantamiento de cadáver sin la presencia del juez ni de la policía? —se había sorprendido este.

Cuando llegaron al tanatorio, el cuerpo estaba allí. Lo que faltaba era hacerlo reconocer por la familia. Y la puesta en escena continuó, pero esta vez la actriz era la madre de Merche que, por querer proteger la vida de su hija, accedió al chantaje:[2]

—Tenemos a su hija —le dijeron—, y no le pasará nada si usted se presenta a reconocer el cadáver que hay en el tanatorio como el cuerpo de Merche. Después deberá aprovechar la amistad que

---

2. **chantaje**: presión que, mediante amenazas, se ejerce sobre alguien para obligarle a obrar en un determinado sentido.

Los hemos pillado

tiene con Ferrán Adriá para robarle las últimas recetas que está estudiando para la próxima apertura de su restaurante, y nos las venderá a nosotros. El precio que pagaremos: no matar a su hija y devolvérsela viva.

La mujer no había reconocido las voces de aquella llamada telefónica. No podía saber quiénes eran, pero viendo el cuerpo de aquella muchacha desconocida muerta en el tanatorio, entendió que aquella gente estaba organizada y hacía las cosas en serio. Así que preparó el funeral[3] de su hija y dejó de hablar y de cocinar. Todos pensaron que estaba lógicamente afectada por lo sucedido, pero en realidad estaba pensando en cómo robar lo que le habían pedido.

Por otra parte la Castejón, de modo perverso, iba a jugar con los sentimientos de la profesora Montoliu. La Castejón sabía cuáles eran los sentimientos de culpa de la profesora y las veces que miraba aquellas fotografías de la pared de su despacho. La Castejón necesitaba encontrar solo una actriz que tenía que parecerse a la mujer de la foto, y con ganas de ganar un poco de dinero.

—Vos solo tenés[4] que hacerte pasar por una cocinera fantasma —le dijo—, y dejarte ver de cuando en cuando por la Montoliu y el pesado del novio de Merche... Por el resto, deberás estar encerrada en la buhardilla con la chica, drogarla para que no se despierte nunca.

Cuando el inspector me lo contaba, yo le pregunté cómo había sido posible oír detrás de la puerta a Merche hablando con aquella mujer. El inspector me aclaró que la mujer misteriosa

---

3. **funeral**: ceremonia y solemnidad con que se hace un entierro o unas exequias.
4. **vos tenés**: en muchos países de Hispanoamérica significa "tú tienes".

CAPÍTULO 8

había confesado que no había tenido drogada siempre a Merche, a la que en ocasiones mantenía en un estado de somnolencia, en el que Merche me veía en sueños y me hablaba como las veces que me encontraba por la mañana cuando llegaba a la escuela, diciéndome "Pero, ¡qué desastre, chico!". El resto fue el poder de sugestión que me hizo confundir la imagen de aquella mujer con la imagen de Merche en al menos dos ocasiones…

Para la directora, resolver el caso ha sido una liberación en todos los sentidos: por una parte, porque se ha librado de dos seres despreciables a los que tenía como profesores respetables en su escuela, y por otra porque ha descubierto que no había fantasmas que vagaban por aquel edificio pidiendo venganza, y ella no tenía nada que recriminarse.

Lo mejor de todo es que Merche está entre nosotros y nuestra creatividad en la cocina nos une más que nunca. Su alegría sigue contagiándonos a todos los que estamos a su alrededor, y seguimos juntos. Sabemos cuál es nuestro camino, aunque pueda torcerse en ocasiones o simplemente tener alguna que otra curva. Tenemos claro que la única vía es la del respeto por los demás, el amor hacia los que nos rodean, la pasión por las cosas que hacemos educándonos a la responsabilidad y al trabajo. Porque si algo hemos aprendido de todo esto es que nada bueno se puede obtener engañando a los otros o peor aún: engañándose a sí mismo.

Después de leer

Comprensión lectora

1 Elige la opción correcta.

1. Javier explica...
   a. ☐ que Escueto y la Castejón querían vengarse de Merche.
   b. ☐ que Escueto quería vengarse de la madre de Merche.
   c. ☐ que la Castejón quería vengarse de la madre de Merche.

2. La Castejón...
   a. ☐ había hecho todo aquello por dinero.
   b. ☐ quería castigar a la Montoliu.
   c. ☐ quería vengarse de Escueto.

3. Merche...
   a. ☐ se había caído al patio.
   b. ☐ había bebido el café drogado.
   c. ☐ estaba muerta.

4. Cuando llegó la ambulancia...
   a. ☐ se llevó a Merche sin esperar a la policía.
   b. ☐ esperaron a Carrascón.
   c. ☐ intentó salvar a la chica.

5. La madre de Merche...
   a. ☐ era una cómplice del engaño.
   b. ☐ no se dio cuenta de que la chica del tanatorio no era su hija.
   c. ☐ mintió porque la amenazaban con matar a su hija.

6. La "abuela fantasma"...
   a. ☐ tenía solo que pasear por la escuela.
   b. ☐ tenía que dejarse ver y drogar a Merche.
   c. ☐ tenía que esconderse en el sótano.

7. La "abuela fantasma"...
   a. ☐ no hizo todo lo que le mandaron hacer.
   b. ☐ cumplió todas las órdenes.
   c. ☐ no se parecía para nada a la abuela de la Montoliu.

ACTIVIDADES

8 La profe Castejón...

a ☐ se aprovechó de los sentimientos de la profe Montoliu.

b ☐ odiaba a la Montoliu.

c ☐ creía en los fantasmas.

Comprensión auditiva

2 Escucha el capítulo y completa las frases con las palabras o partes de frase que faltan.

1. Ha pasado un año, ... han recobrado la normalidad.
2. Nadie se acercó a Merche .... llegó la ambulancia.
3. ¿Levantamiento .... sin la presencia del juez ni de la policía?
4. El precio que pagaremos: no .... a su hija y devolvérsela viva.
5. Vos solo tenés que .... pasar por una cocinera fantasma.

Léxico

3 Busca sinónimos para las palabras de la parrilla entre las palabras del cuadro.

> periodo   restaurar   tranquilidad
> fascinación   pareja   pelmazo   jornadas   capacidad
> dominar la voluntad   enamorado   aburrido   sufrimiento
> fuerza   rutina   desesperación   recuperar

recobrar	
normalidad	
días	
infierno	
pesado	
novio	
poder	
sugestión	

ACTIVIDADES

4 Ahora, utilizando las palabras del ejercicio anterior, intenta escribir de otra manera las siguientes frases. Sigue el ejemplo:

Ej. Recobrar la normalidad. <u>Restaurar/Recuperar</u> la normalidad.
1 Días de infierno. ....
2 El pesado de su novio. ....
3 El poder de sugestión. ....

Gramática

El pretérito imperfecto de indicativo

	Habl-ar	Corr-er	Viv-ir
yo	habl-**aba**	corr-**ía**	viv-**ía**
tú	habl-**abas**	corr-**ías**	viv-**ías**
él/ella, usted	habl-**aba**	corr-**ía**	viv-**ía**
nosotros/as	habl-**ábamos**	corr-**íamos**	viv-**íamos**
vosotros/as	habl-**abais**	corr-**íais**	viv-**íais**
ellos/as, ustedes	habl-**aban**	corr-**ían**	viv-**ían**

Los únicos verbos irregulares son:
ser: era, eras, era, éramos, erais, eran
ir: iba, ibas, iba, íbamos, ibais, iban
ver: veía, veías, veía, veíamos, veíais, veían

*Ej. Mientras Merche **hablaba** con su madre, yo **preparaba** la cena.*

¡Cuidado! La primera y la tercera persona singular tienen la **misma desinencia**. Por tanto, suele hacerse necesario **aclarar el sujeto**, para evitar ambigüedades.

Ej. *Yo **era** la mayor, pero **ella era** más guapa que yo.*

El imperfecto se usa para **describir en el pasado** (en este sentido acompaña al pasado simple o al compuesto que marcan la acción), o para **hablar de acciones habituales en el pasado**, o también para **hablar de un tiempo pasado que no se especifica** puntualmente: en aquellos tiempos, en aquella época, antes...

Ej. *Cuando **era** pequeño **íbamos** mucho a la playa, porque en aquella época mi padre **trabajaba** en una ciudad de la costa.*

ACTIVIDADES

5 Transforma las siguientes frases de presente en pasado usando el pretérito imperfecto. Para ello tendrás que cambiar las palabras que se refieren al tiempo. Fíjate en el ejemplo:

0   Hoy estoy preocupado por lo que puede pasar.
    Ayer estaba preocupado por lo que podía pasar.

1   Esta semana compro todos los días helado de postre.
    ....

2   Ahora preparo la ensalada y luego los primeros.
    ....

3   En las cocinas hay muchos electrodomésticos.
    ....

4   En estos días se habla mucho de cocina molecular.
    ....

Expresión oral

6 **DELE** Observa las imágenes y habla durante 3-5 minutos siguiendo las pautas:

- compara las imágenes: ¿dónde están?
- describe a los personajes: ¿cómo eran? ¿cómo son ahora?
- ¿qué hacían? ¿qué hacen ahora?

antes

ahora

7 Habla durante 3-5 minutos sobre tu profesión favorita.

Tiempos de azúcar

AÑO: 2001
DURACIÓN: 116 min.
PAÍS: España
DIRECTOR: Juan Luis Iborra
GUION: Susana Prieto & Juan Luis Iborra
GÉNERO: Drama

Tiempos de Azúcar es la historia de la receta de un pastel que logra que quien lo coma se enamore de la persona que lo ha hecho. Miguel ha aprendido la receta de su madre y, a pesar de estar enamorado desde niño de su amiga Ángela, nunca le ha declarado su amor. Después de quedarse huérfano, Miguel se ha dedicado por completo a su profesión de pastelero, haciendo feliz a la gente de su pueblo. Esta dedicación al trabajo y al cuidado de su hermana no le ha dejado tiempo para otra cosa que para el azúcar. Ángela, cansada de esperar una declaración, se ha casado y ha formado una familia, pero a pesar del tiempo pasado se da cuenta de que su real amor es Miguel. Cuando al final los dos deciden estar juntos, Miguel le hace por fin el famoso pastel.

1 Contesta a las siguientes preguntas.

1. ¿Cuál es el secreto del pastel de la madre de Miguel?
2. ¿Por qué Miguel no le declara su amor a Ángela?
3. ¿Por qué crees que no le hace el pastel antes y espera tantos años?
4. ¿Qué ingredientes crees que puede tener este mágico pastel?

TEST FINAL

Comprensión lectora

1 Pon las imágenes siguientes en el orden cronológico de la historia, y después asocia cada imagen a la descripción que le corresponde.

1. ☐ Esto huele estupendamente. ¿Qué dices que le has puesto?
2. ☐ Ahora me doy cuenta de que si se cierra la puerta me quedaré aquí atrapado, pero tengo que descubrir qué pasa.
3. ☐ Si sigues así me vas a romper el timbre. Dentro no hay nadie. Solo yo tengo la llave.
4. ☐ No puede ser su abuela. Esa mujer es muy joven. ¡Estuve hablando con ella toda la tarde de ayer en la cocina de segundo!
5. ☐ Merche está tumbada en la cama. ¿Está muerta?
6. ☐ Mientras hablábamos la directora y yo, no imaginábamos que alguien nos estaba observando.

T E S T   F I N A L

2 ¿Quién lo ha podido decir? Relaciona las siguientes frases con cada uno de los personajes.

1. Ese chico me hace cerrar cada día tarde la escuela. ....
2. Ese chico puede resultar un problema para nuestros planes, Escueto. ....
3. ¿Por qué el profesor Escueto deja que Jaime participe en su clase? ....
4. Javier es un desastre pero es sensible y me entiende. ....
5. Esta escuela es muy importante para mi vida, forma parte de mi familia. ....
6. Usted, profesora Castejón, es la mejor de todas, no lo dude. ....
7. Tal madre, tal hija. Madre genial, hija genial. Maldita suerte. ....

3 ¿Te ha quedado claro...

1. ...qué hace la madre de Merche?
2. ...qué hacía la abuela de la profe Montoliu?
3. ...por qué el profe Escueto se ha querido vengar de la madre de Merche?
4. ...si la profe argentina era una sincera amiga de la directora de la escuela?
5. ...qué relación había entre Jaime y sus profesores?
6. ...por qué el inspector Carrascón empezó a sospechar que no se trataba de un accidente?
7. ...quiénes fueron los culpables?

Léxico

4 ¿Recuerdas qué significan las siguientes expresiones?

1. Ser un hueso:
   a. ☐ ser duro/a.
   b. ☐ estar seco/a.
   c. ☐ estar delgado/a.

TEST FINAL

2. Pillar a alguien:
   - a ☐ pincharle a alguien.
   - b ☐ pisarle a alguien.
   - c ☐ agarrarle a alguien.
3. Cada maestrillo tiene su librillo:
   - a ☐ cada uno hace las cosas a su manera.
   - b ☐ cada maestro usa sus libros.
   - c ☐ cada maestro hace lo que quiere.
4. Presumido:
   - a ☐ presuntuoso.
   - b ☐ guapo.
   - c ☐ elegante.
5. Dejar planchado a alguien:
   - a ☐ dejarle preparado a alguien.
   - b ☐ dejarle sin palabras a alguien.
   - c ☐ dejarle a alguien tirado por el suelo.
6. Ser de Maricastaña:
   - a ☐ ser de otoño.
   - b ☐ ser muy antiguo.
   - c ☐ ser propio de las castañas.
7. Cotilleo:
   - a ☐ comentario indiscreto.
   - b ☐ un insecto.
   - c ☐ un sombrerillo.

5 Reúne en cuatro campos semánticos algunas de las palabras que has aprendido en este libro.

cuchara	botella	paquete	filipina	tenedor	copa	lata
bote	servilleta	delantal	barra	manguitos		

la mesa	la cocina	la despensa	el uniforme

TEST FINAL

6 Completa las definiciones que te proponemos con las palabras del cuadro.

> fachada   terraza   patio   despacho   timbre

1 .... : avisa a los que están dentro de que los que están afuera quieren entrar. Puede hacer un ruido fuerte o un sonido metálico.
2 .... : es la cara bonita del edificio. Tiene bocas por las que entrar y ojos por los que mirar.
3 .... : es una habitación muy seria donde se trabaja.
4 .... : en el de la escuela se sale a jugar cuando llega la hora.
5 .... : puede estar en lo alto de una casa o edificio o en uno de sus laterales; puedes utilizarla para poner plantas, tenderte al sol para broncearte o tender la ropa para secarla.

Gramática

7 Completa el siguiente texto con los tres pasados (perfecto, imperfecto e indefinido) y con *ser* o *estar*.

Cuando (**1**) .... (*ir, nosotros*) a casa de Merche, su madre (**2**) .... (*cocinar*) para nosotros. Un día (**3**) .... (*¿ser o estar?, nosotros*) ayudándola a hacer unas patatas con carne. Este (**4**) .... (*¿ser o estar?*) un primer plato sencillo, pero solo (**5**) .... (*¿ser o estar?*) bueno si se sabe hacer. Ella nos (**6**) .... (*enseñar*) a poner las especias justas, y hoy (**7**) .... (*poder, yo*) prepararlo para nuestros amigos de la escuela. Todos (**8**) .... (*decir*) que (**9**) .... (*¿ser o estar?*) riquísimo.

8 Completa estas frases usando un imperativo. Sigue el ejemplo.

0 Si tienes calor... abre la ventana.
1 Cuando los invitados llegan, vosotros... ....
2 Hoy hace mucho frío, antes de salir... ....
3 Si quieres pasa al salón y... ....
4 Antes de sentaros a la mesa... ....
5 Está lloviendo... ....
6 Los pantalones se te caen... ....
7 .... antes de irte.